JN439486

신기용 산문집

싸락눈 향기 날 때 새봄이 온다

여는 말

여러 지면에 발표한 글을 한 데 모아 단행본으로 엮어 중간 결산하려고 노력하였지만, 뜻대로 되지 않았다. 글은 시간이 지나면 지날수록 잡문으로 전락하기도 한다. 오래전 발표한 작품을 현 시점에서 읽어 보면 케케묵은 글로 다가오기도 한다. 발표 시기를 놓쳐 오래도록 묵힌 글은 대수술을 해야만 제대로 된 글로 재탄생할 수 있다는 것을 절실히 깨달았다. 일부 글은 시점과 시제 때문에 각주에 밝히고 수정 없이 그대로 실었다.

200자 원고지 두세 쪽이면 족한 독백 형식의 짧은 단상의 글을 나름대로 가치 있다고 여겨 여러 지면을 통해 발표했다. '짧은 수필'의 가치를 시험해 보았다.

일부 글은 '시적 수필'이다. 시적 미학을 반영한 산문시 구조를 갖추고 있다. 문예지에 발표한 수필과 평론, 신문에 발표한 '문화 칼럼'도 함께 수록했다.

'수필집' 혹은 '수상집'이라는 말보다 '잡문집'이라는 말이 더 잘 어울릴 것 같다. 잡문도 산문이라서 '산문집'이라 이름을 붙여 보았다.

2018년 복수초가 얼굴 내밀기를 기다리며, 신기용

목차

여는 말 / 3

제1부

진짜 새 나들이 / 9
삶의 바다 / 10
파도 소리 / 12
7월에는 / 14
8월에는 / 15
가을은 고요다 / 16
목련화와 태산화의 일편단심 / 18
냉이 꽃 나들이 / 20
감꽃 맛을 음미하며 / 22
달빛 머무는 솔 / 23
접시꽃 나들이 / 24
가을비 / 26
당산나무 아래에서 / 28
꿈은 뜨거워 / 30
꽃과 시의 힘 / 32
세상은 무지갯빛 / 34
싸락눈 향기 날 때 새봄이 온다 / 36

제2부

신선대에 올라 용을 보다 / 41

천선과를 맛보며 / 44
수레바퀴와 충절 / 47
죽어서도 충절 어린 망국의 한풀이 / 48
호국 영령 얼을 되새기며 / 50
웅덩이치고 물고기 잡는 지혜 / 52
난데없이 날아든 백로 / 54
징파나루 / 56
그리움 / 58
사마귀 / 62
이불 속 어버이 마음 / 65
살구꽃 피는 까치마을 풍경 / 67
강아지 / 70
참는 자 / 72
아직도 나를 슬프게 하는 누렁이 / 74
백일화 나들이 / 77
우후죽순과 우후돈초 / 78

제3부

고급문화도 문화요, 대중문화도 문화다 / 81
고전을 읽으면 미래가 보인다 / 83
신화와 역사의 관계 / 87
요산문학관을 찾아서 / 90
영화 <터널>이 고발한 '인간의 이기심' / 93
표절 의혹과 노이즈 마케팅 / 96

부록

허구를 수용하면 수필이 아니다 / 101

제1부

진짜 새 나들이

부푼 꿈 안고 연못가에 앉아 기나긴 여름 나들이 나온 진짜 새.

물 위로 잔잔한 꿈을 비춘다. 천둥소리, 번갯불 사이로 소나기 내려도 꿈과 추억만은 촉촉이 빛으로 젖어 든다. 지저귀는 진짜 새는 구슬지게 뭉친 꿈같은 아침 이슬을 한 모금 마신다. 자작 시 한 편을 읊조려 본다.

지저귀는 참새는 다 죽었다.
벙어리 잡새들만
빨랫줄, 전깃줄, 꽉 붙들고서
슴벅슴벅 눈만 깜빡인다.
잡새 노릇 참다못한 참새 한 마리
앞에 나서 쫑알대다
졸지에 공기총 한 방에 쓰러지니
잡새들 찍소리 없다.
진짜 새는 다 죽었네.

–「진짜 새는」 전문

싱그러운 이파리 위에서 때굴때굴 구르며 추억 남기는 아침 이슬이 햇살 따라 산산이 사라진다. 환히 지저귀는 진짜 새는 무더운 한여름 나들이가 행복한가 보다. 소박한 꿈을 간직한 듯 여름 나들이를 즐긴다. 진짜 새는 큰 꿈보다 소박한 꿈이 더 행복함을 잘 알고 있나 봐.

꿈은 작아도 마음은 큰 사람 같이 포근한 미소를 퍼트린다.

삶의 바다

파도는 거칠어도 포근한 삶의 바다. 바닷가에 동그마니 앉아 기억 속 코흘리개 아이를 데려고 나온다. 그 아이가 꿈을 키우던 바다에 뛰어들어 몸을 출렁인다. 파도를 매만지며 혀를 날름댄다. 머릿속 세포 하나 분열하는 소리 함께 자작 동심시를 파도 위에 펼쳐 띄운다.

별똥별
냉큼
받아먹은
밤바다

철썩
철썩
날름댄다.

혀를
데었나 봐.

－「한여름 밤바다」 전문

바다는 그 아이에게 소꿉놀이와 자맥질을 가르쳤고, 잔잔한 파도와 거친 파도를 일깨워 줬다. 그 아이는 바다의 꿈으로 밥을 지어 먹고, 파도의 꿈으로 젊음을 펴고, 갈매기의 꿈으로 높이 날고 싶어 했다. 하늘과 땅을 잇는 태양이 바다의 품을 드나듦을 가슴에 얼싸안고 바다를 닮으려 했다.

이제 조각배 같은 소박한 꿈으로 잔잔한 사랑의 꿈길을 걷는 콩알가슴을 작은 행복이라 여겨 주머니에 접어 넣는다. 바다의 낮과 밤을 잦추는 갈매기 날갯짓인 양 행복의 나래를 펼쳐 흔들다 가슴에 구겨 넣은 마음. 그 마음 한 쪽 깊은 곳에서 삶의 바다가 발버둥 친다. 철썩이는 파도가 거칠어도 삶의 바다는 포근한 품이다.

바다는 회귀의 손짓이 나풀대는 회억의 자궁이다.

파도 소리

불타는 찜통 여름 손짓하는 푸른 바다.

눈이 흐릿흐릿 머리가 띵하니 푹푹 찐다. '바다는 많은 사람을 모으는 재주를 가졌다.' 이런 바보스러운 생각도 해 본다. 몸과 마음이 시원한 것을 갈망한다. 여름이면 박두진의 시 「바다」가 쩔벙 쩔벙 걸어온다.

귀가 열려
머언
바다에서 오는 소리에
자꾸만 내 귀가 열려
나는 일어선다.
일어서며
푸른 물 위로 걸어가고 싶다.
쩔벙 쩔벙
머언 바다 위로 걸어가고 싶다.
햇살 함빡 받고
푸른 물 위를 밟으며 오는
당신의 바닷길

– 박두진, 「바다」 중에서

여름 바다는 파도의 말을 빌려 사랑의 소리를 뿜어낸다. 소리꾼 파도는 한평생 바다에 갇혀 살아야만 한다. 때로는 슬프게 울고, 때로는 아프게 운다. 쩔벙 쩔벙 걸어오는 소리, 철썩철썩 달려오는 소리에 귀를 열어 꿈을 읽어 본다. 물보라 떨어진 자리가 돌로 굳어 무겁다. 철썩철썩 소리가 뒹군다.

꿈 펼친 푸른 물 위를 달리고 싶어 가렵다.

7월에는

7월에는 태양열 때문에 날씨가 푹푹 찐다.

'도대체 태양에서 무슨 일이 일어나기에 7월이면 머리가 아플까.' 이렇게 허황된 생각도 해 보곤 한다. 7월에는 생각나는 시가 있다.

7월의 태양에서는 사자 새끼 냄새가 난다.
7월의 태양에서는 장미꽃 냄새가 난다.
그 태양을 쟁반만큼씩 목에다 따다가 걸고 싶다.
그 수레에 초원을 달리며 심장을 싱싱히 그슬리고 싶다.

– 박두진, 「7월의 편지」 중에서

또, 7월이면 이육사의 시 「청포도」가 떠오른다. "내 고향 칠월은 청포도가 익어 가는 시절"이라며 입에서 튀어나온다.

7월에는 매미가 운다. 수컷이 짝짓기를 위해서 울지만, 그 울음소리가 많은 생각을 하게 한다. '땅속에서 긴 세월을 굼벵이로 살았기에 밝고 맑은 세상이 너무 좋아서 우는 것일까. 보름간 살다가 생을 마감해야 하니 슬퍼서 우는 것일까.'

선비로 비유되는 매미, 그 선비 글 읽는 소리에 귀를 기울인다. 밝고 맑은 세상이 너무 좋아서 나도 시원스럽게 울고 싶다.

8월에는

8월에는 광복절이 생각난다.

광복절은 삼일절, 제헌절, 개천절과 더불어 4대 국경일 가운데 하나다. 최대의 국경일이기도 하다.

역사 시간에 배운 경술국치일庚戌國恥日이 희미하게 떠오른다. 국치일은 1910년 8월 29일 '한일 합방 조약문'이 발표된 씻을 수 없는 치욕의 날이다.

이런 치욕의 역사를 되풀이하지 않기 위해서 8월에는 역사의식을 일깨우는 달로 삼으면 좋겠다.

저항 시인 윤동주의 「서시」가 불쑥 머리를 내민다.

> 죽는 날까지 하늘을 우러러
> 한 점 부끄럼이 없기를 (…)
>
> 오늘 밤에도 별이 바람에 스치운다.

— 윤동주, 「서시」 중에서

되새겨 읽고 암송하면서 윤동주 시인의 정신을 느껴 보고 싶다. 가슴 깊은 곳에서 나라 사랑이 눈을 뜨는 8월이면 좋겠다.

실천하는 나라 사랑이면 더 좋겠다.

가을은 고요다

가을은 온다. 가을은 고요다. 가을은 낙엽 소리로 온다. 가을이 오면 졸작 자작시 한 편을 내뱉으며 고요에 젖는다.

가을이 오면
고요가 흐른다
남자의 어깨를 스치며

은하처럼 잔잔히

남자는 걷는다
중년의 무거운 어깨로
낙엽처럼 쓸쓸히

남자는 느낀다
바스락바스락 밟으며
삶의 미소를

누구나 그 남자
행복이 깃든
고요에 젖은 남자

— 「고요에 젖은 남자」 전문

가을 소리는 낙엽 소리만은 아니다. 키가 큰 참나무에서 도토리가 떨어져 고요 속으로 몸을 던지고 뒹군다. 가을 소리가 똑똑 튀고 데굴데굴 뒹군다.

책과 함께 가을 소리에 귀를 기울인다. 도토리 떨어지는 소리는 사람을 산으로 부른다. 나도 산에 올라 솜털 같은 뭉게구름을 만져 보고, 아래로 떨어져 뒹굴고 싶다.

고요를 살라 먹고 싶다.

목련화와 태산화의 일편단심

목련화야, 눈부신 봄 햇살의 은혜를 품고서 작은 나무 앙상한 가지 끝자락에서 소박한 자태를 한껏 뽐내어라.

태산화야, 따스한 봄 햇살의 은총에 보답하듯, 큰 나무 풍성한 가지가지 끝자락마다 활짝 꽃 피운 모습 태산같이 아름다워라.

목련화와 태산화를 소재로 삼은 자작 동심시 두 편을 되새겨 본다.

얼음의 눈물로
바람 위
하얀빛 미소

꽃샘의 발자국으로
가지 끝
자줏빛 미소

땅의 입김으로
빚어 올린
목련꽃 위
햇살

천사로 앉았다.

—「목련의 미소」 전문

하얗게 매달린
꽃도
봄도
태산

푸르게 쌓인
이파리도
따스함도
태산

아이들
꿈나무

―「태산목」 전문

내년에도 변함없는 자태를 기다리며 사철 내내, 따뜻한 미소를 가슴 깊이 간직하며 살리라.

하얀 미소 출렁이는 아이들의 가슴이 봄을 뿜어낸다.

냉이 꽃 나들이

이른 봄, 냉이된장국 담백함을 맛보며 봄맛을 느끼던 사람들, 봄맛의 기억을 잠시 접어 두고 제각기 살길이 바쁘다. 봄맛을 생각하면 자작 동심시 한 편이 떠오른다.

바구니 옆에 끼고
봄을 캐어다
엄마는 봄을 끓이고
언니는 봄을 무쳐서
밥상에 봄을 차려요.

아빠는 입맛 다시며
봄을 드시고

난, 봄을 나르는
숟가락, 젓가락 함께
봄맛에 흠벅 취해
봄을 꼭꼭 씹어 먹어요.

－「봄맛」 전문

늙은 냉이는 연약한 줄기 끝자락에 조그마한 하얀 꽃을 피우며 잔 줄기에 부채 모양 씨앗 낭을 잔득 달고서 봄바람에 살랑살랑.

냉이 꽃은 야들야들 흔들리며 웃는다. 살랑살랑 서러움을 떨치고 봄바람에 씨앗을 실어 멀리 새 생명을 퍼트리는 냉이 꽃.

가을에 싹을 틔워 겨울나기를 하고서야 새봄의 담백한 맛을 위해 두해살이를 한다. 냉이 꽃을 아름답다고 노래하지 않더라도 강인한 생명력과 소박한 정신을 매년 노래하리라.

부채 든 손이 하늘하늘 봄바람을 흔든다. 시원하다.

감꽃 맛을 음미하며

감꽃 맛은 삶의 맛입니다.

감꽃은 5월의 새벽이슬을 머금고 떨어집니다. 마흔을 넘기고서야 감꽃 맛을 조금 깨달았습니다. 감꽃의 상큼한 첫맛과 떫은 뒷맛에서 삶의 맛을 조금 깨쳤습니다. 감꽃 맛을 음미하며 스스로 시인이 되기도 했습니다.

한때, 삶의 첫맛과 뒷맛을 깨닫기 위해 사색하며 글을 썼습니다. 때로는 의미 없는 헛생각에 잠기어 헛글을 쓰기도 했습니다.

아직도 진정한 감꽃 맛을 깨닫지 못하였습니다. 설익은 마음가짐 때문입니다. 진정한 감꽃 맛을 알아차리는 순간, 내 안의 나를 발견할 수 있겠지요.

혹여 껍데기뿐인 나를 찾아 헤매고 있는 것은 아니겠지요.

인생 그 자체가 껍데기인 것을…. 늘 되새겨 보면서 훌훌 벗어던지고 떠날 채비를 하며 살아가렵니다.

감꽃 맛에서 홍시 맛이 풍깁니다. 인생의 마지막 순간이 잘 익은 홍시처럼 영글어 떨어지면 좋겠습니다.

홍시 맛을 음미하며 삶의 맛을 깨달을 쯤 니르바나에 이르는 길이 열려 있을까요?

달빛 머무는 솔

'달빛 머무는 솔'은 은은하면서도 올곧다.

어느덧 지천명이다. 불혹이 지났지만, 아직 미련하여 생각의 흔들림을 잠재우지 못한다. 스스로 늘 푸른 솔밭에 다가가 한 그루의 솔이 되어 동심을 넘나들며 운을 띄워 보곤 한다.

큰 소망보다 작은 소망을 더 소중히 여기며 '달빛 바라보는 솔', 아니 '달빛 머무는 솔'이 되고파 마음의 여유와 생각의 사치를 부려 본다.

생각의 사치는 아름다운 것. 허영심보다 더 나은 것. '달빛 머무는 솔'은 은은한 빛을 품을 줄 안다.

나도 '달빛 머무는 솔'이 되어 은은한 빛을 품는다. 늘 푸르게, 항상 풋풋하게, 언제나 젊음을 간직한 채 동심 깊은 생각과 글을 벗으로 여기며 살고 싶다.

'달빛 머무는 솔'은 늘 달을 사모한다. 해를 그리워하며 잔잔히 말하고, 은은히 빛을 품고 싶어 한다.

시간이 흐르면 달빛이 솔을 사모하여 머물고 싶어 함을 안다. 달빛의 잔잔함과 은은함이 푸른 솔의 곧고 굳은 마음을 소중히 여기고 싶어 한다.

접시꽃 나들이

빨간 꽃, 분홍 꽃, 하얀 꽃, 층층이 접시 얼굴로 활짝 웃는다. 양지바른 울타리에서 빨강, 분홍, 하양 접시에 미소를 듬뿍 담아 웃음으로 뿜어낸다. 서로가 의지하고 위로하며 마주 보고 웃음꽃 피운다. 자줏빛 미소를 담은 접시도 웃음을 뿜아낸다. 졸작 자작 동심시 한 편이 떠오른다.

빠알간 미소
하이얀 마음
연분홍 수줍음
층층이 접시에 담아
먹어 보라네.

해마다 울밑에서
장마 그치는 날까지
자꾸자꾸 접시에 담아
먹어 보라네.

눈으로 먹어 보라네

―「접시꽃」 전문

층층 사방으로 접시가 미소를 짓는다. 따가운 햇살이 반짝이는 뜰에서 빨간 꽃, 분홍 꽃, 하얀 꽃이 담백한 미소 지으며 눈을 끌어당긴다. 이미 그 미소에 눈이 꽁꽁 묶여 버렸다.

어제와 다른 미소 머금은 얼굴을 하고서 정열의 꿈과 수줍은 미소, 순박한 삶을 생각한다. 접시꽃에 사로잡힌 마음을 내려놓아도 접시꽃 미소가 어느덧 내 얼굴에 와 닿는다.

나도 웃음 한 접시 내놓는다.

맛나다.

가을비

온통 가을빛이다. 잔치를 벌인다.

가랑잎을 적시는 구슬픈 소리, 아침 모이 찾는 멧비둘기 울음소리 슬프게 퍼져 나간다. 가을빛의 맛이 궁금하다. 짧은 자작 동심시 한 편을 되뇌어 본다.

산도
들도

하늘도
구름도
가을빛 잔치

맛있겠다.

-「가을빛 잔치」 전문

가을빛을 시샘하는 가을비가 내린다. 가을비 흠뻑 젖은 낙엽 길 내딛는 발길, 쓸쓸함이 촉촉이 스며들어 뼈마디가 시려 와도 가을비 소리에 취한 외로운 가랑잎처럼 가슴 시려 온다. 겨울을 재촉하나 보다.

풋풋한 젊은 향기 점점이 찍어 두고, 생긋이 붉게 물든 잎사귀처럼 하강의 자유로운 날갯짓을 꿈꾼다.

하얀 눈이 내리지 않아 차디찬 빛깔을 볼 수 없다. 가을비 물러서면 하얀 서릿발 돋은 차가운 빛깔을 볼 수 있으리라.

파릇한 젊은 온기 품고서 따스한 햇살 뿌려 놓은 길을 당당하게 걸어가야겠다.

가을비에 생각을 흠뻑 적셔 본다.

당산나무 아래에서

돛단배처럼 이리저리 바람결 이는 대로 바스락바스락.

나직막한 언덕에 올라 회억의 보따리를 열어 본다. 추억의 흔적 온데간데없다. 기억 속 당산나무는 기도에 응답한다. 자작 사설시조 한 편이 흔들림의 말을 걸어온다.

풍성한 당산나무
허리춤 울긋불긋

새끼줄 매듭마다 알록달록 바람을 흔들어 대면, 당산나무 아래 합장한 손도 당신堂神의 마음을 흔든다. 소리 없는 풍어의 기도 이파리를 흔들고 잔가지도 흔든다.

파르르
흔들림의 말
뱃노래도 흔든다.

－「흔들림의 말」 전문

기억 속 흔들림의 말을 하는 당산나무가 떠오르면, 뭍에 오르는 자라처럼 초등학교 친구가 떠오른다. 커다란 당산나무 아래 매미채 들고 허공을 휘젓던 친구, 그을린 이빨을 드러내고 끽끽대며 말타기하고 있다.

당산나무 아래 설 때면 초등학교 시절의 기억이 엉금엉금 기어 나온다. 내 덩치보다 더 큰 나무가 오늘도 그 자리에 말없이 서 있다.

내 추억을 살려 주기 위함일까? 회억을 먹고 사는 여린 마음, 머릿속에서 새싹처럼 새 꿈이 움튼다.

꿈은 뜨거워

화들짝 꿈을 펼친 봄, 봄.

봄볕이 봄꽃한테 귀엣말한다. “꿈이란 나처럼 뜨거운 거야. 봄꽃처럼 알록달록 가렵기도 해.”

냉이 꽃이 끼어든다. “눈부신 너희 꿈과 마주할 때면 뜨거워. 나와 질경이는 봄맛을 선사하고 나면, 채이고, 짓밟히잖아. 그래서 아파.”

냉이 꽃을 아름답다고 말하는 이는 없다. 냉이는 아지랑이가 스멀스멀 승천을 꿈꿀 때 봄바람을 뜨겁게 흔든다. 질경이 꽃을 아름답다고 말하는 이도 없다. 땅바닥에 빠삭 엎드려 숨죽이다 말고 다시 머리 치켜드는 질경이, 잡초라지만 꽃 족보 가졌다고 뜨겁게 일어선다. 보잘것없는 냉이와 질경이도 겨우내 봄맛을 꿈꾼다.

나도 봄맛 기억을 더듬어 본다. 온 가족 바구니 옆에 끼고 봄을 캐던 기억, 봄을 끓이고 무쳐 밥상에 봄맛을 차리던 기억, 입맛 다시며 봄맛에 흠뻑 취해 봄을 꼭꼭 씹어 먹던 기억. 하하 호호, 웃음 더불어 뜨거운 해를 들어 올리던 기억….

지금도 가끔 해를 들어 올린다. 먹구름이 마음속 깊이 파고들 때면 뜨겁게 들어 올린다. 올곧은 꿈은 질경이처럼 짓밟혀도 꿋꿋이 다시 머리를 들기 마련. 꿈이란 짓밟혀도 다시 일어나는 것. 늘 질경이 같은 올곧은 삶을 꿈꾼다. 온 가족 함께 깔깔대며 행복의 해를 들어 올리고 싶어서.

좌절을 겪지 않은 사람이 있을까. 누구나 좌절을 맛볼 때 위로와 사랑

받기를 원한다. 위선적인 위로 때문에 다시 좌절의 수렁에 빠져들기도 한다. 인간사 모든 게 마음먹기에 달린 법. 이를 되새기는 지혜로운 삶이 해를 들어 올릴 수 있음에랴.

하루를 되돌아볼 시간, 나만의 위로에 젖어들곤 한다. 용서, 배려, 사랑이라는 꿈과 함께 해를 들어 올린다. 온 가족 둘러앉아 함박꽃 피워 꿈을 들어 올릴 때면 집 안 가득 꽃비가 흩날린다. 오늘도 방긋 생긋 밝은 미소 머금은 아이처럼 꿈을 들어 올린다.

내일을 밝힐 꿈은 뜨거워.

꽃과 시詩의 힘

꽃은 힘이 세다. 사람의 마음을 움직이기 때문이다.

꽃은 향기를 뿜어 벌 나비를 불러들이는 힘, 열매를 맺어 대를 잇는 힘을 지녔다. 꽃이 사람에게는 사랑을 이루게 하는 힘, 화난 사람을 웃게 하는 힘, 병든 사람을 일으켜 세우는 힘을 내뿜기도 한다.

시도 힘이 세다. 시가 사람에게는 위로와 치유의 능력을 발휘하기 때문이다. 상처받은 자들은 시를 통해 평안을 찾기도 한다. 그래서 꽃과 시는 힘이 세다

오래전 백담사 입구에 있는 고은 시인의 시비 앞에 선 적 있다. 제목이 없었다. 제목을 훗날 '그 꽃'이라고 붙였기 때문이다. 시인의 이름 아래 15자의 시가 새겨져 있었다. 시인은 "내려갈 때 보았네/ 올라갈 때 못 본/ 그 꽃"이라며 제목 없는 단문 두 문장을 3행으로 나눠 놓았다. 여태껏 내 가슴속에 새겨져 있는 시이다. 좋은 시라고 하면 '오래도록 머릿속에 남는 시'이고, 위대한 시라고 하면 '가슴속에 새겨지는 시'가 아닐까.

그때 힘겹게 대청봉에 올랐다. 봉정암을 거쳐 내려올 때 산의 경관과 포근함에 감탄을 아끼지 않았다. 하산하여 백담사 앞에 이르러 시비에 새겨진 이 짧은 시 한 편을 읽고, 이 시의 위대함에 전율을 느꼈다. 감동의 도가니에 빠지는 체험을 했다. 시를 잘 알지 못하는 사람이라도 감탄할 것이다.

이 시를 통해 삶의 철학적 치열성과 시의 가치를 깨달았다. 산의 오

름은 젊음, 내림은 늙음을 상징하기도 한다. 앞만 보고 허겁지겁 살아온 철없던 젊은 시절에는 이기적인 마음이 가득하여 세상의 아름다움과 조화로움이 눈에 들어오지 않는다. 하지만 산전수전 다 겪고 사그라져 가는 노년에 접어들면 삶에 대한 너그러운 마음이 열리고, 세상의 아름다움과 조화로움을 발견해 내는 눈을 갖게 된다는 의미를 내포하고 있다.

어쩌면 '그 꽃'은 '화려한 죽음'을 암시한 것일 수도 있다. 혈기왕성할 때는 죽음이 두렵지만, 늙고 힘이 없어지면 죽음이라는 것을 자연스럽게 받아들이기 마련이다.

이처럼 꽃과 시는 힘이 세다. 가슴속에 세상을 보는 새로운 눈을 달아 주기도 한다. 마음속 깊은 상처를 치유하기도 한다.

반백을 넘긴 삶, 더는 오를 수 없다. 늘 하산하는 중이다. 오늘도 두루두루 살피는 새로운 눈이 돋아난다.

세상은 무지갯빛

세상은 무지갯빛이다.

갈마드는 계절은 늘 마음과 생각을 맑힌다. 작년 여름에는 해어진 마음을 꿰매고자 갯바위에 앉아 파도와 꿈을 나눴다. 그 파도의 알갱이가 쌍무지개를 밀어 올리며 희망의 다리를 놓아 주었다.

올여름에는 아침이슬 구르는 동산에 올라 아픔과 깊은 상처를 털어냈다. 꺾이고, 채이고, 밟혀도 소리 없이 웃고 있는 꽃과 함께 미친 듯 웃어 보았다. 그때 먹음직스러운 산딸기를 한 움큼 따다 먹어 보았다. 단번에 온몸이 어릴 적 깊숙이 숨겨 놓은 맛을 알아차렸다.

새콤달콤한 맛, 그 맛 뒤에 온갖 추억의 맛이 밀려들었다. 온몸이 옛 추억의 상큼함을, 온 생각이 삶의 시큼함을 알아차렸다. '바로 이게 인생의 맛이야.'라는 생각의 언저리에서 잊힌 통각의 꿈틀거림도 느껴 보았다.

땡볕을 만끽하며 꽃잎 날개 펼치던 나리꽃처럼 웃어도 보았다. 산들바람과 함께 소박한 꿈을 품어 안고 산에 올라 푸른 나무들과 말을 주고받기도 했다. 천둥소리, 번갯불 사이로 소나기 쏟아져도 소박한 꿈과 추억을 촉촉이 적시고 때굴때굴 구르기도 했다. 아름다운 세상을 위해 울어도 보았다.

그 울음이 아름다움을 열어 갈 수 있다면, 얼마나 좋을까. 그 울음이 웃음으로 바꿔 놓을 수 있다면, 짐승처럼 울부짖어도 보고 싶다.

올가을에는 어둠을 밀어내는 암탉의 홰치는 소리처럼, 무더운 여름을 밀어내는 단풍의 날갯짓처럼, 추함을 밀어내고 아름다움으로 마음을 채워 나가고 싶다. 온 세상이 무지갯빛으로 물들면 좋겠다.

용서, 배려, 사랑이라는 꽃의 이름도 불러보고 싶다. 꽃과 함께 아름다움을 끌어안고 무지갯빛 꿈도 꾸고 싶다. 꽃의 이름을 부를 때면 어린이든 어른이든 얼굴에 꽃이 핀다. 오늘도 꽃의 이름으로 얼굴에 환한 꽃을 피운다. 얼굴에 핀 함박꽃!

그 함박꽃은 아름답다. 아름다움은 언제나 추함을 밀어낸다. 아름다운 세상을 꾸미는 일은 더 아름답다.

웃음이 울음을 지우면, 세상은 무지갯빛으로 물들 거야.

싸락눈 향기 날 때 새봄이 온다

싸락눈이 내린다.

싸락눈에서 봄 향기가 난다. 33년 전의 기억이 깨어난다. 그때 봄 향기는 바람 소리와 함께 잿빛 내려앉은 황폐한 겨울빛을 깨워 이승과 저승을 넘나들었다. 바람에 내맡긴 풍장의 초분草墳에도 싸락눈 향기가 스치듯 포근했다. 광야의 만나(manna)처럼 간절한 기도의 향기와 같았다.

싸락눈이 가랑잎을 스칠 때 구슬픈 소리와 만난다. 저녁 모이 찾는 멧비둘기 울음소리가 슬프게 파고들 쯤, 싸락눈 맛이 궁금해진다. 만나의 맛은 아니다.

싸락눈은 겨울빛을 시샘한다. 싸락눈 흠뻑 젖은 낙엽 길 내딛는 발길, 쓸쓸함이 촉촉이 스며들어 뼈마디가 시려 온다. 겨울바람 소리에 취한 외로운 가랑잎처럼 가슴도 시려 온다. 풋풋한 젊은 향기 깊숙이 묻어 두고, 생긋이 붉게 물든 잎사귀처럼 늙음과 죽음을 아는 나이 먹었다.

싸락눈이 봄을 재촉한다. 계절은 자연의 섭리대로 갈마들기 마련. 또 다시 봄이 갱신의 옷을 입을 거야. 춘란의 소심素心이 하얀 속살을 내밀기도 전에, 노랑 미소 뿜어내며 얼굴 내미는 복수초는 인고의 꽃. 그 인고의 숭고함처럼 당당히 가슴을 펴자. 웅크리지 말자!

아직 복수초가 눈밭을 뚫지 않아 차디찬 향기는 알 수 없지만, 싸락눈 그치면 서릿발 녹는 새봄의 향기는 알 수 있을 거야. 언제나 풋풋한 젊은 향기 곁에 두고, 찬 가슴 녹이는 온기 품고서 따스한 햇살 가득한 길을 걸어가야겠다.

싸락눈에 여러 생각을 적셔 본다. 싸락눈과 함께 춤추는 빗방울은 이리저리 겨울바람 이는 대로 찰랑찰랑. 나직막한 언덕 넘어 길모퉁이에서 뒤안길 되넘어 보아도 싸락눈 흔적은 온데간데없다.

기억 속 싸락눈은 기도에 응답한다. 시린 손을 잡아주던 온기가 떠오르면, 옛 동무 생각이 서서히 떠오른다. 처마 밑 발을 동동거리며 애태우던 내 동무, 술래놀이 즐기던 터벅머리 내 동무, 고향 친구들 다 모여 웃으며 뛰어놀고 있다. 처마 밑에 홀로 서면 천진난만한 코흘리개 시절로 되넘어 갈 수 있다.

싸락눈이 추억을 깨운다. 추억을 먹고 사는 여린 마음, 추억 속에서 새싹을 틔운다. 새로운 봄, 봄바람이 업고서 걸어오고 있다.

싸락눈 향기 날 때 새봄이 온다.

제2부

신선대에 올라 용을 보다

신선대에 오르면 신선이 보인다. 큰 바위 '무제등'에는 신선의 발자국과 신선이 탄 백마의 발자취가 세월의 흔적을 간직한 채 전설을 풀어놓는다. 고운(해운) 최치원이 신선이 되어 거닐던 천 년의 발자취가 시간을 초월하여 머리를 내밀고, 내 안의 신성한 기운이 살며시 눈을 뜨며 상상력을 펼쳐 놓는다.

신선대에 오르면 용이 보인다. 주변을 요리조리 보면, 용당이라는 지명에 걸맞게 연못을 둘러싼 용의 형상이 꿈틀댄다. 그 용을 갈마드는 세월의 흐름과 포개어 놓으면, 부산항과 함께 승천의 몸부림을 치듯 역동적인 힘을 발산한다.

사방을 찬찬히 살펴보면 부산의 과거와 오늘이 겹쳐 보인다. 어쩌면 그것은 부산의 먼 미래다. 바로 아래 신선대 컨테이너 부두에는 신선의 풍악 소리처럼 들리던 옛 파도와 물류라는 오늘의 파도가 하나 되어 다가선다. 옛 신선대 기슭을 핥아 대던 파도가 멀리 밀려 나간 그 자리에는 컨테이너 파도가 밀려오고 밀려 나간다. 세계로 뻗어 나가는 해양 도시 부산의 생명력이 시작되는 곳, 컨테이너 부두에서 부산의 심장 박동을 들을 수 있고, 역동성을 볼 수 있다. 마치 용꿈을 꾸듯.

건너편 남쪽에는 영도의 조도가 닮은꼴로 우뚝 솟아 신선대로 향해 갯바람을 뿜어낸다. 영도는 날아가는 청학의 형상, 그 청학의 한쪽 날개인 조도가 만들어 낸 갯바람은 심술을 부린다. 마치 잠자는 용을 깨우듯.

서쪽의 영도다리 방향으로 눈을 돌려 보면, 현재의 역동성과 과거의 고요한 어촌의 풍경이 겹쳐 보인다. 지금의 롯데백화점 광복점이 자리한 곳과 용두산 공원을 잇대어 보면, 화려한 부산의 생명력이 용솟는다. 오래전 사라져 버린 용미산, 그 자리에 한때 눌러앉았다가 다시 사라진 부산 시청의 모습, 그 위에 또다시 오늘날 새롭게 솟은 거대한 백화점 건물이 겹쳐져 시간의 역동적 흔적과 흐름을 드러낸다. 옛적에 용이 바다에서 기어 나와 꼬리를 바닷물에 감추고 용머리를 구봉산으로 향하여 승천을 꿈꾸며 용트림했듯, 그 형상 그대로 간직한 채 현대적 모습으로 시간의 흐름을 따라 승천을 꿈꾸고 있다.

동쪽에는 태백신맥 끝자락의 아쉬움인 듯, 용의 비늘이 파도 위에 점점이 떠 있다. 그것은 태백 정기의 외로움이 오롯이 솟아오른 오륙도다.

오륙도의 내면은 외롭지 않아 보인다. 때로는 갈매기 날갯짓을 잦추고, 때로는 파도와 힘겨루기를 하며 외로움을 달랜다. 참으로 오륙도가 외롭지 않은 까닭은 밤마다 목을 빼고 먼바다에 등댓불을 비추어 뱃길의 안전과 뱃사람의 안녕을 빌기 때문이다.

신선대 유원지는 자연 생태가 잘 보존된 곳이다. 삭막한 컨테이너 부두를 기슭에 품어 안았지만, 자연 그대로의 숲을 간직한 신선대야말로 아직도 신선이 노니는 곳임이 분명하다.

2009년 여름, 문인들과 신선대에 올랐을 때, 하늘이 너무나 맑았다. 그런데 바다는 오륙도 유람선의 발목을 잡아 둘 정도로 파랑이 높았다. 맑은 하늘 탓에 먼바다에서 넘실대던 큰 파랑이 마치 고래 떼가 헤엄치는 풍경처럼 밀려왔다. 고래 떼가 바다를 출렁이게 하여 그 큰 파랑을 일으킨 것인지도 모를 일이다. 어쩌면 바다의 용이 승천의 몸부림을 친 것일 수도 있겠다.

신선대에 올라 부산항을 바라보면 언제나 웃음 머금은 꽃처럼 파도가 미소를 짓는다. 부산항은 수다스럽지도 않고, 부산하지도 않으면서 바다의 힘과 뭍의 힘이 함께 어울려 역동적인 몸부림을 친다. 승천하는 용의 모습처럼.

신선대가 어디에 있는지 모르는 부산 사람도 허다하다. 신선대가 영도에 있는 줄 아는 사람도 있다. 영도구 신선동이 신선대인 줄 알거나, 신선동이 신선대 일대에 있는 것으로 아는 사람도 있다. 두 곳 모두 신선과 관련 있는 곳이다. 하지만 신선대야말로 진정한 신선이 노닐던 곳이다. 한 해에 한 번쯤은 신선대에 올라 상상력을 펼쳐 놓고, 용꿈을 품어 보고 신선놀음을 해 보는 것도 괜찮을 것 같다.

천선과天仙果를 맛보며

이기대의 볼거리를 생각하며 집을 나섰다. 광안대교의 뒷모습, 해식 절벽, 해식 대지의 웅덩이(마린포트홀), 해식 동굴, 공룡(울트라사우루스)의 발자국으로 추정되는 웅덩이, 시비詩碑, 다양한 식물 등이 떠올랐다.

아침부터 햇볕이 매우 따가웠다. 이기대 해안 산책로 들머리인 동생말 전망대에서 용호부두를 내려다보니 과거와는 달리 바닷물뿐만 아니라 주변 환경이 청결해졌다는 것을 한눈에 알 수 있었다.

세 개의 구름다리를 건너는 동안, 파도에 때굴때굴 구르는 자갈과 흰 물거품이 서로 얼싸안고 갯바람을 흔들어 댔다. 그 갯바람의 웃음이 정겹게 들려왔다. 이렇듯 이기대는 올 때마다 새롭다. 아마도 막힘없이 탁 트인 푸른 바다와 하늘의 포근한 미소 때문이리라.

이기대 해안 산책로에 들어서자 금세 코끝은 갯내를 머금은 갯바람을 시원스레 알아차렸다. 푸른 파도의 희맑은 웃음이 귀엣말로 속삭이는 동안, 갯바람은 갯내를 살포시 감싸 안고 마음을 열쳤다. 풋풋한 가슴을 바닷물에 절여 숨을 죽이고 삭히니, 살며시 참마음이 돋아났다. 갯바람을 살짝 깨물어 짠맛을 음미해 보기도 하고, 해송 가지에 매달려 일어서는 갯바람의 꿈을 손에 쥐어 펼쳐 보기도 했다.

초대형 초식공룡이 살던 곳, 이기대. 바닷물을 담은 공룡 발자국, 그 해식 웅덩이를 볼 때면 시간의 중력장을 통과하여 백악기의 거대한 호숫가를 거닐고 있다는 착각이 들기도 한다. 그렇게 전설의 웅덩이 속으로 내 눈빛은 빨려 들어간다. 공룡도 용이다. 그래서 인근에 용호, 용당,

용연 등 유난히 용과 관련된 지명이 많다. 남구는 용의 전설이 이어져 오는 용의 고장이다. 용이 파도 소리를 밟고 뭍으로 올라와 지구의 자연사를 속삭일 것만 같았다.

무심코 광안대교를 바라보았다. 문득 영화 '해운대'의 한 장면이 머릿속을 스치고 지나갔다. 이곳 이기대 어울마당에서 광안대교 방향으로 바라본 아름다운 야경의 한 장면이 떠올랐다. 부산 머스마 소방관 최형식(이민기)과 서울 가시나 삼수생 가짜 여대생 김희미(강예원)가 데이트하던 장면. 그리고 최형식이 "두 이二, 기생 기妓, 이기대."라며 이기대의 유래를 설명하던 그 장면이 눈앞에서 재생되어 펼쳐지는 듯했다. 또한, 마지막에 죽음을 택한 최형식의 부산 사나이다운 진실한 사랑의 눈빛이 바닷물을 열고 솟아나올 것만 같았다. 바다의 푸른빛은 진실한 빛이다. 그 진실함을 빼닮고 싶어졌다.

천선과, 산책로 곳곳에 잘 익은 천선과가 갯바람을 붙잡고 주렁주렁 매달려서 달콤한 꿈을 속삭였다. 가지 마디마다 달린 천선과는 작은 파랑의 속삭임에 귀를 쫑긋거리듯 앙증맞게 살가웠고, 잘 익은 천선과는 큰 파랑의 뜻을 헤아린 듯 땅에 떨어져 그 파랑의 크기만큼 뒹굴었다.

해안 산책로를 가로막은 여러 명의 중년 여성이 나뭇가지를 잡아 끌어당겨 천선과를 부지런히 따먹고 있었다. 앞서가던 한 부부가 "그 열매 이름이 뭔데요?"라고 물었다. 한 여자가 "천선과, 천선과"라며 짧게 두 마디를 던져 놓고, 손과 입은 허겁지겁 바빴다.

천선과는 하늘의 신선과 선녀가 먹는 열매라는 뜻인 듯하다. 해안 산책로에서 느끼는 소감은 올 때마다 다르다. 이번에는 마치 이기대 앞바다에 하늘이 내려앉아 출렁이며 하나가 된 듯했다. 이곳 절벽의 암석은 노둣돌 같다. 하늘의 신선과 선녀가 노둣돌을 디디고 내려와 천선과를 따 먹는 듯했다. "고욤 일흔이 감 하나만 못하다."라는 속담처럼 천선과

일흔이 무화과 하나만 못할 것만 같았다. 그 맛은 무화과와 비슷하지만 당도가 낮다.

팔월 상순에 왔을 때만 해도 앙증맞게 파릇한 파랑 열매와 약간 붉게 물든 열매였다. 이번 구월 중순에는 보라색을 띤 덜 익은 열매와 검붉게 완전히 익은 열매가 주렁주렁 매달려 맑은 세상을 끌어안고 있었다. 잘 익은 천선과는 나들이 나온 사람들의 혀를 달콤하게 했다. 해안 산책로 곳곳에서 잘 익은 천선과가 자연스레 떨어져 발에 밟혀 짓이겨진 자국을 흔하게 볼 수 있었다.

간밤에 갯바람이 물안개를 흔들고 가 버린 벼랑 끝 나무 숲, 아침 햇살에 화들짝 놀라 땅바닥에 뒹굴며 아파하는 천선과. 이제부터는 이기대의 갯바람이 천선과를 가지에 매달아 놓고 풍장風葬할 것이다. 천선과는 무화과와는 달리 잎이 다 떨어진 겨울에도 가지에 매달려 건과가 되기도 한다. 갯내를 흠뻑 머금은 천선과는 살을 에는 겨울밤에도 하늘의 신선과 선녀를 기다리는 신성한 나무인가 보다.

아마도 관절염에 좋다는 천선과의 효능과 무화과처럼 삽목(꺾꽂이)으로 번식할 수 있다는 것이 널리 알려지면 이기대 환경은 빠르게 파괴될 것이다. 해안 산책로에 그 많던 해국의 개체 수가 점차 감소하고 있는 것만 보아도 쉽게 알 수 있는 일이다.

해안 산책로 개설과 함께 희귀식물을 보호하고, 이를 문화관광의 자원으로 삼으면 좋을 성싶다. 이제는 식물을 자산으로 여기는 혜안이 필요한 시대이다. 언젠가는 '해국 축제' 또는 '천선과 축제'가 생길 법도 하다.

참으로 한여름 같은 더위 덕에 천선과를 삼킨 목구멍에서 단내가 물씬 풍긴 하루였다.

수레바퀴와 충절

경기도 연천군 차탄리에는 '수레여울'이 있다. 조선 개국 초 조선 조정에서는 고려 유신들에 대한 포용 정책의 일환으로 많은 관리를 등용했다. 이를 거부하고 고려조에 충절을 지킨 이들이 많다. 그중 한 사람이 고려 충신 금은琴隱 이양소(李陽昭, 1367~?)이다.

조선 개국 초 금은 이양소는 연천 현가리 도당골에 은거했다. 생을 마감할 때까지 매일 뒷산(청화산 : 淸華山)에 올라 송악(지금의 개성)을 향하여 망궐례望闕禮를 올리며 고려조 신하로서 절개를 지켰다.

조선 태종 이방원은 그의 지조 높은 절개를 보고 싶어 직접 찾아갔다. 그가 머물던 도당골로 가던 도중 어가御駕가 한 여울에 빠졌다. 임금의 수레가 여울에 빠졌다는 유래 때문에 '수레여울'이라 불리게 되었다.

후세 사람들은 고려 충신 금은 이양소의 높은 지조를 중국의 도연명에 비견할 만하다 하여 그가 은거하였던 마을을 '도당동'이라 했다. 조선 조정에서 그의 뜻을 가상히 여겨 고려조 신하로서 절개를 지키며 망궐례를 올리던 장소를 '백이伯夷의 맑은 기풍과 희이希夷의 빛나는 산. (伯夷之淸風、希夷之華山。)'이라 칭하고, 이들 가운데서 두자를 취해 '청화산淸華山'이라 명명하였다. 또한, 그의 시호를 청화淸華라고 내려 주었다.

물론 후세인들이 만들어 부른 지명이다. 고려 충신 금은 이양소의 충절을 기려 조선 태종의 어가를 빠지게 한 수레여울을 포함하여 '도당골', '청화산'이란 명칭에 숨은 뜻은 현대를 살아가는 젊은이들에게 시사하는 점이 많다.

죽어서도 충절 어린 망국의 한풀이

경기 연천군 전곡읍 시가지 북쪽 끝에서 서쪽으로 몇 백 미터 가면 우리나라에서는 보기 드문 천연적인 현무암玄武巖 주상절리柱狀節理 수직절애垂直絕崖가 있다. 병풍처럼 사방을 감싸며 우묵하게 솟단지 형세를 한 반곡盤谷 지형이다. 이곳 지명은 '음터'다.

'음터'에서 한탄강 건너 남쪽에 '국사봉國思峰'이라는 봉우리가 바라보인다. 북서쪽 끝 장진천 절벽 위에 '학소정鶴巢亭'이라는 옛 정자가 있던 곳도 보인다.

'음터', '국사봉', '학소정', 이 세 지명은 고려 우왕 8년에 이방원과 함께 문과에 급제하여 교우가 두터웠던 진사進士를 지낸 고려 말 5충신 중 한 명인 일노정逸老亭 김양남金揚南과 관련이 깊은 곳이다.

고려가 망하여 조선이 개국하자 일노정은 '음터'에 은일隱逸하며 매일같이 '국사봉'에 올라 망국의 한을 달래고자 고려 도읍지 개성을 향해 통곡하며 배례拜禮를 올렸다 한다. 이것에 연유하여 숨어 지내는 곳이라는 의미로 '은터'라 불리다 오늘날 음이 변하여 '음터'가 되었고, 한자로 '은대隱垈'라 하여 오늘날 행정명 '은대리隱垈里'로 남아 있다. 일설에는 조선 태조 이성계가 태종 방원과 사이가 좋지 않아 함흥으로 도피할 때 이곳 김양남의 집에 보름간 숨어 지냈다는 연유에서 명명되었다 한다.

조선 태종이 그의 절개에 감동을 받아 여러 번 벼슬을 제수하였다. 이를 단호히 거절하고 빼어난 경치와 운치가 있는 천연적인 단애로 형성된 한탄강과 장진천, 국사봉 등 산수와 벗삼아 '음터' 북서쪽에 초정(草

亭 : 호화롭지 않게 갈대나 짚을 엮어 만든 정자)인 '학소정'을 짓고 평생을 고려 신하로서 절의를 지키며 살다 갔다.

학소정은 일노정이 은거할 때 그의 절개를 찬양이나 하듯, 이 일대에 학들이 날아들어 서식하였다는 데서 명명되었고, 그가 죽자 어디론가 날아가 버렸다고 한다. 그는 죽어서도 불사이군不事二君의 절개를 지키기 위함인지 한탄강 남쪽 편 전곡읍 고릉리古陵里 골짜기에 국사봉을 '안산案山'으로 삼아 묻혀 있다.

이 국사봉을 풍수지리를 아는 지역 주민들은 '면경산面鏡山'이라 부른다. 북쪽에 마주보이는 빗접산이 옥녀산발형玉女散髮形 형국으로 미녀가 머리를 풀고 앉아 머리를 빗을 때 마주보는 거울로 여기고 있다.

일노정은 거울을 바라보지 않고 좌측 뒤에서 국사봉을 바라보고 있다. 그는 죽어서도 은거하면서 국사봉에 올라 망궐례를 올리기 위해서일 것이다.

살아서도 죽어서도 충절을 지키는 우리 조상들의 얼을 되살려 봄이 어떨까. 나아가 나라 잃은 망국의 한풀이 충절보다는 나라를 보전하기 위한 충절을 앞세워 봄이 어떨까 생각해 본다.

호국 영령의 얼을 되새기며

"문文은 무武보다 강하다."

2차 대전 영국 종군 기자 Lytton이 한 말이다. 서양에서의 문과 무에 대한 개념은 중세 시대까지는 종교 철학 위주의 문을 바탕으로 하여 한 국가의 체제 유지와 종교적 사상 대립 해결에 무를 운용했다.

근세에는 강대국들이 경제 이론에 바탕을 둔 문의 힘을 빌어 국가의 부富 축적과 경제성장에 필수 요건인 식민지 개척과 통치 수단으로써 무를 운용했다. 이와 동시에 자국의 군국주의 체제 유지를 위한 군벌통치에 운용했다.

현대에는 언론과 학문의 다양성에서 나타난 문과 국민이 참여하는 여론 정치에 기조를 둔 무를 문민통제(文民統制 ; Civilian Control) 원칙하에 통제하고 있다. 문민통제란 군사력을 국민의 의견에 의존하여 유지하고, 운영하며, 군사에 대한 정치 우선 또는 군사력에 대한 정치 통제를 의미한다. 이것은 무를 자국 방위와 전쟁 억제, 주변국과 세계 평화 유지에 국한하여 운용한다는 뜻이다.

중국을 비롯한 동양과 한반도에서는 고대 신앙적인 요소인 음양 오행 사상에 바탕을 둔 도교와 인仁에 바탕을 둔 유교, 이들과 융화한 불교의 영향을 받은 문과 무는 동일 선상에서 출발하나 음양의 이치처럼 두 갈래로 나누어져 동등하게 발전하면서 운용되어 왔다. 같은 뿌리에서 싹을 피워 두 개의 가지로 나누어져 성장하면서 상호 보완적 관계를 유지해 왔다. 오늘날에는 서양의 영향을 받아 의회민주주의 국가에서는 무를 문민통제하고 있다.

우리 역사에서 신라가 삼국을 통일할 때는 '화랑도 정신'에 의한 국가의 융성함을 누리다 화랑의 배출이 단절된 후 화랑 마지막 세대가 노장이 되면서 결국 망국했다. 조선 중기 이후에는 유학을 숭상하고, 무를 천시하는 풍조로 인하여 문과 무가 상호 보완적인 기능을 상실하여 병자호란과 임진왜란이라는 민족의 수난을 당하기도 했다. 구한말에는 백성들에게 나라 잃은 서러움을 안겨 주는 치욕스러운 역사의 한 획을 그었다.

또 하나의 획은 6·25한국전쟁이다. 할아버지와 아버지 세대의 아픔과 슬픔이 그 시대에 경험한 세대의 아픔으로만 여겨지고 있는 현시대에 살아가는 한 사람으로서 전쟁의 후유증에 시달리는 모든 분들의 아픔을 이해하지 못하지만, 이해하려고 노력한다.

한국전쟁을 모르는 세대가 장년이 되어 버린 이 시대에 살아가는 우리들은 호국 영령들의 얼을 되새겨야 한다. 평화를 위한 유비무환의 자세를 견지해 나가면 좋겠다. 오늘날 평화롭게 살고 있는 우리들은 온고지신의 마음가짐으로 무를 숭상하지는 못하더라도 문과 무가 균형을 맞추기를 바란다.

웅덩이 치고 물고기 잡는 지혜

"고기를 낚는 것이 아니라 시간을 낚는다."

낚시를 즐기는 사람들이 자주하는 표현이다. 시간을 낚는 것이 주목적이 아님은 분명하다. 자릿한 손맛을 느끼는 것이 주목적이다.

강태공들은 손맛을 느낄 수 있는 월척을 기다리면서 시간과 싸우며 사색을 즐긴다. 손맛을 느끼지 못한 날에는 시간을 낚는 것만으로도 위안을 삼고 씁쓸한 마음을 달랜다.

우리나라 논에서 논물을 대는 작은 웅덩이를 볼 수 있다. 이 웅덩이를 일부 지역에서는 '덤벙'이라고 한다. 농부들은 가을 추수를 한 뒤 개울 치고 가재 잡듯이 양동이로 웅덩이 치기를 한다. 조금 머리를 쓰는 농부는 양수기로 물을 퍼낸다.

성격이 급한 농부는 웅덩이 치는 데는 관심이 없고 물고기를 잡는 일에만 신경을 쓴다. 축전지로 고기를 잡다 감전되어 세상을 떠나는 경우도 있다.

독초와 약초를 구분할 줄 아는 농부는 손 안 대고 코 푼다. 때죽나무 열매를 따다 찧어서 주먹 크기로 똘똘 뭉쳐 웅덩이에 던져 놓고는 잠시 담배 한 개비 피우며 여유를 부린다. 그동안 때죽나무 열매의 마취 성분 때문에 기절한 물고기가 물 위로 떠오르면 주워 담기만 한다.

도시에 살다 귀농한 농부는 사소한 것에 목숨을 건다. 소독약 포르말린을 한 움큼 웅덩이에 집어넣는다. 화학 독극물 성분 포르말린에 기절한 물고기를 먹으면 인체에 독이 잔류한다는 사실과 몸에 누적된다는 사실을 모르는 걸까.

가장 지혜로운 방법은 개울 치고 가재 잡듯 웅덩이 치고 물고기 잡는 것이다. 일거양득一擧兩得은 매사에 적용되는 것이 아니다. 욕심을 부리지 않고 정도껏 사는 것이 인생의 진리이다. 정도껏 사는 것이 행복이다.

난데없이 날아든 백로*

출근길에 서쪽으로는 늘 푸름을 잃지 않는 소나무 가득한 청화산을 바라본다. 동쪽으로 눈을 돌려 차탄천 작은 보를 자연스레 보면서 지나간다.

며칠 전, 출근길에 청화산 기슭 솔밭에 반가운 손님이 날아와 하얗게 노닐고 있었다. '절개를 상징하는 소나무 꼭대기에서 사랑을 나누며 평화롭게 노니는 백로 너희들이 부럽다.'라는 생각을 해 보았다. 항상 물이 가득했던 보 역시 바닥이 드러나 작은 물웅덩이로 변해 가고 있었다.

물웅덩이로 변해 가는 보를 통해, 백로가 날아든 이유를 알 수 있었다. 맑고 푸른 물이 굽이쳐 흐르던 한탄강 물줄기가 봄 가뭄으로 바닥을 드러내자 한탄강 상류 철원 지역 인적이 드문 곳에 보금자리를 틀고 있던 여름철새 백로가 생존을 위해 이동한 듯했다. 메마른 한탄강 상류와 지천에 물이 고이는 소沼 근처 솔밭을 찾아 무리를 지어 날아왔다. 둥지 없이 소나무 꼭대기에 앉아서 모이 걱정을 하고 있는 듯했다.

둥지를 틀지 않는 것으로 보아 잠시 머물면서 모이를 해결한 후에는 둥지가 있는 곳으로 날아갈 기세였다. 이틀 후, 난데없이 날아들었다는 것을 인정이나 하듯 어디론가 날아가 버렸다.

다음 날 아침, 높쌘구름이 잔득 낀 맑은 날씨였다. 오후 늦게 비층구름이 다가와 천둥과 번개를 동반하여 하늘을 놀라게 했다. 소리만 요란

---

* 불혹의 나이에 접어들기 전, 전방에서 근무할 시절에 써 놓은 글이다.

하게 내고서 비는 땅만 약간 적셔 놓고 달아나 버렸다. 농민들의 기우제 정성이 부족한 탓일까?

목마른 대지는 단비를 기다린다. 하염없이….

나도 삶의 단비를 기다리고 있다.

징파나루澄波渡*

젊은 날 푸른 옷에 청춘을 맡기고 최전방 철책에서 근무하던 시절, 임진강 징파나루에서 나룻배를 타고 다녔던 풍경은 오래전 어디론가 사라져 버렸다. 간혹 처가의 산소 가는 길에 징파나루를 지나갈 때마다 그 시절 뱃사공과 나루터의 정감을 되새겨 생각해 보곤 한다. 잊지 못할 옛 시절 나루터의 정감 때문이다.

그곳은 『신증동국여지승람』에 실려 있는 두 수의 시에서도 아름다운 절애絶崖와 맑은 물, 그리고 뱃사공에 대한 노래를 하고 있다.

澄波江水浸苔巖　징파 강물에 이끼 낀 바위 잠겼는데
細雨斜風送客帆　바람에 흩날리는 가랑비 속에 손님 태운 나룻배는 떠나가네
隔岸漁村知有酒　건너편 언덕 고기 잡는 마을에 술 있는 걸 알았으니
興來猶家典春衫　흥이 나면 봄옷 맡기기 알맞겠네.

– 배중부裵仲孚, 「징파도」 전문

古渡舟如葉　오래된 나루터에 배는 잎 새 만한데
天寒渡更澄　날씨 추우니 물은 더욱 맑구나.
崩崖懸醜石　무너진 비탈엔 기이한 돌 달려 있고
斷岸積層氷　절벽엔 층층이 얼음 쌓였네
狼烏近堪紲　낭조는 가까워 쓸 만하고

* 불혹의 나이에 접어들기 전, 전방에서 근무할 시절에 써 놓은 글이다. 지금은 징파나루 상류에 '군남댐'이 건설되어 나루터 일대가 너른 자갈밭으로 변했다.

游漁深莫罾 노니는 고기는 깊어서 그물로 떠낼 수 없구나
篙師敢輕賤 사공을 감히 업신여길 소냐
手有濟人能 그 손은 사람 건네주는 능력 있구나.

– 안축安軸, 「징파도」 전문

두 수의 시를 연천군 『향토사료집』에서 옮겨 현대어에 알맞게 몇 군데 다듬어 보면서 징파나루의 옛 경치를 머릿속에서 그려 본다. 또한, 징파나루를 나룻배 타고 건너던 옛 시절 추억을 되새겨 보며 세월을 잡지 못하는 것을 한탄해 본다.

징파나루는 1990년에 북삼교가 가설되기 전까지는 나룻배로 도강하던 곳이다. 다산 정약용의 『대동수경 8권』에 '징파나루는 물 빛깔이 맑다 하여 붙여진 이름이다(澄波渡水色澄淸故名).'라고 기술하고 있다. 아무리 가물어도 강바닥 자갈이 눈에 보일 정도로 북에서 흘러 내려온 임진강 물이 맑게 고여 유유히 흐르는 아름다운 경관을 지니고 있다.

2000년에 신북삼교가 가설되어 4차선으로 훤하게 통과할 수 있다. 나루터로서 정감은 사라져 버렸다. 휴일이면 서울 사람들이 가족 단위로 몰려들어 다슬기를 줍는 모습이 정답게 보일 때도 있다.

가뭄 때문에 농민들이 애를 태우며 임진강 물을 대어 가며 모내기를 하고 있을 땐, 물가에서 다슬기를 줍는 모습이 아름답지 못한 풍경으로 다가온다. 손가락질 대상이다.

그들에게 꼭 한마디 하고 싶었다.

"물고기도 노니는 때와 장소를 안다. 사람이 때와 장소를 모르고 노는 것은 보기 민망합니다."라고.

그리움*

누구에게나 그리운 사람이 있는 법이다.

나는 억새꽃을 볼 때면, 그리움에 젖어 든다. 은비녀를 입술에 살며시 물고서 참빗으로 곱게 빗질하시던 할머니 모습이 떠오르기 때문이다.

억새꽃을 마주할 때면, 할머니의 모습이 또렷이 떠오른다. 우렁찬 울음을 터뜨리며 태어나던 나를 손수 받으신 할머니. 그 누구보다도 나를 아끼고 사랑하신 할머니….

코흘리개 시절, 할머니는 나의 신앙이셨다. 우물가에서 머리를 감고 너럭바위에 앉아 빗질하시던 모습은 선녀 그 자체였다. 길게 늘어트려진 은빛 머릿결 너머로 억새꽃이 하늘거렸다. 할머니의 머릿결과 억새꽃의 어우러진 풍경을 잊을 수 없다. 마치 하늘나라에 서 있는 듯 착각이 들 정도였다. 지금 내 마음에는 그리움으로, 내 머리에는 아름다움으로 각인되어 있다.

할머니와 할아버지께서는 이른 봄, 밭두둑과 논두렁에 쥐불을 놓으셨다. 바싹 마른 억새밭의 불길은 내 키보다 훨씬 높이 솟아올라 너울너울 춤을 추었다.

쥐불놀이를 쪼그려 앉아 관찰하노라면, 억새풀 밑동에서 곤충의 애벌레가 '톡톡 툭툭' 터지는 소리, 줄기가 갈라지며 '빠지직빠지직' 타들어 가는 소리가 생생히 들려왔다.

---

* 불혹의 나이에 발표한 글이다.

십여 년 전부터 쥐불 놓는 들녘을 지날 때면, 나의 창작 동시 「쥐불놀이」를 읊조리며 어릴 적의 봄과 할머니의 모습을 떠올리곤 한다.

쪼그랑 할아버지
곰방대 물고 쪼그려 앉아
논두렁 쥐불놀이

쪼그랑 할머니
담뱃불 물고 쪼그려 앉아
밭두둑 쥐불놀이

할머니 할아버지
논고랑 닮고, 밭고랑 닮아
주름살 쪼글쪼글

우리들은
빙글빙글 깡통 돌리며
보름밤 쥐불놀이

쥐불놀이 뒤, 여린 억새 풀잎은 검은 잿더미 속에서 파릇파릇 돋아난다. 아름다운 세상을 엿보기 위해 땅기운을 쪽쪽 빨아 가며 머리를 내민다. 햇살이 점점 따가워지면 억새 풀잎은 무성하게 자란다. 마치 서양란의 잎처럼 허공에 잎줄기를 기대어 누이고 칼날처럼 날카롭게 여물어진다.

한여름 뙤약볕 아래에서 여치는 날개를 비비며 요란을 떤다. 여치 울음소리에 귀 기울이고 조심스레 한 발짝 한 발짝 다가가서 멈춰 서면, 어김없이 푸르게 우거진 억새풀숲.

여치를 잡다가 성난 억새풀에 손가락을 베이기도 했다. 어린 나이에 여러 차례 베이고도 굳세게 여치를 잡으려 다녔다. 마흔 살을 넘긴 지금도 풋풋한 억새 풀잎의 날카로움이 뇌리를 지배한다. 쓰라린 손가락의 아픔이 머리끝까지 소름끼치곤 한다.

세상 구경을 하지도 못한 여린 꽃은 나름대로 단맛이 난다. 여린 꽃대를 뽑아서 입에 넣고 껌 씹듯이 오물거렸다. 우리 또래의 많은 사람들이 추억으로 간직하고 있다.

가을에 산들바람이 불면 억새꽃이 핀다. 풀벌레 울음소리를 가득 품었던 풋풋한 시절 멀리 떠나보내고 산들거린다. 산들산들 출렁이는 모습은 나를 그리움으로 젖이 들게 만든다. 할머니 모습을 떠올리게 한다.

억새꽃은 가을 햇살 아래에서 눈부시도록 은빛 물결을 이룬다. 할머니의 흰 머리카락처럼 세월을 뽐내며 너울너울 춤추고 또 춤춘다. 달빛 아래에서 어머니의 새치 머리처럼 잿빛 머릿결 잔잔히 기울이며, 품고 있던 자식을 객지에 내돌리듯 귀뚜라미 소리를 뿜어낸다. 둥근 달을 향해 뿜어낸다.

소슬바람 불면, 귀뚜라미 소리도 스산스럽게 들려온다. 귀뚤귀뚤 어둠 뚫고 달아난 소리, 하늘에서 쏟아진 달빛 머무는 오동잎에 부딪치고 또 부딪쳐 내 눈동자 속으로 뛰어든다. 세월 속에 묻힌 늘 잊지 못할 사랑을 되돌려 줄 수 없음에, 귀뚜라미 소리는 눈물 되어 볼을 적신다.

늦가을에는 솔밭에서 이는 소슬바람이 하얗게 물든 억새 꽃밭에 찾아든다. 스산스럽게 억새꽃이 슬픈 소리를 낸다. 내 가슴 깊은 곳에서도 그리움에 젖은 슬픈 소리가 꿈틀거린다.

몇 년 전부터 겨울의 억새꽃을 볼 때면, 할머니께서 떠나시던 날이 되살아난다. 할머니께서 꽃상여를 타고 산을 오를 실 때, 하얗게 산을 뒤덮은 억새꽃이 차디찬 겨울바람에 울다 말고 따스한 햇살을 받으며 숨을 죽였었다. 추운 겨울에 먼 저승길 보내는 아버지의 찢어진 가슴에서 터져 나오는 통곡 소리와 친지들의 울음소리가 슬퍼서….

나는 지금 할머니에 대한 그리움보다 더 간절한 것이 있다. 칠순을 넘기신 부모님의 시간이 멈추기를 기도한다. 내가 억새꽃처럼 칠순의 머리카락이 될 때까지는 꽃상여를 붙들고 통곡하는 일이 없기를 간절히 기도한다. 또 다른 그리움을 가슴에 새기기에는 아직 나약한 존재이다.

사마귀

어릴 적 손등이나 발등의 사마귀가 얼마나 성가신 존재였던가?

많은 사람이 경험을 통해 알고 있을 것이다. 나 역시 손등에 난 사마귀 하나를 없애기 위해 온갖 방법을 다 동원했던 어린 시절의 기억을 가지고 있다.

동무들에게서 "비가 내릴 때 지붕 처마에서 떨어지는 빗방울을 손등 사마귀에 정확하게 맞히면 없어진다."거나, "곤충 사마귀를 잡아다 손등의 사마귀를 물어뜯게 하면 없어진다."라는 말을 들었다. 그 말에 현혹되어 몇 번이나 행동으로 옮겨 보았으나 소용없는 짓이었다.

어떤 동무들은 정반대로 "빗방울이 손등에 떨어지거나 사마귀한테 물리면 그 자리에 사마귀가 난다."라고 주장하기도 했다. 온갖 검증되지 않은 말을 귀담아듣고 보편타당한 진리로 생각하며 행동하던 순진한 시절도 있었다.

사마귀는 성가시다. 나에게는 귀찮은 존재였던 적도 있지만, 소중한 존재이기도 했다.

최전방에서 근무하던 시절, 왼쪽 발등에 사마귀 하나가 큼직하게 났었다. 발등에 소가지내는 사마귀가 났으니 성가신 정도가 아니라 죽을 지경이었다. 24시간 전투화 끈을 동여매고 긴장된 생활을 해야 하는 철책에서 슬리퍼나 운동화를 신고서 생활할 수도 없는 노릇, 정말 괴로운 일이었다.

발을 씻기 위해 잠시 슬리퍼를 신고서 한 발짝 내딛을 때도 눈물이

핑 돌 정도로 쓰라리고 아팠었다. 매일같이 통신병을 대동하고 야간 순찰을 나가기 위해 전투화에 발을 넣는 순간부터 통증 때문에 등골마저 지끈지끈 아팠었다.

후방 지역으로 철수 후에는 매일 같이 연속되는 훈련은 말할 것도 없고, 매분기마다 100km이상 행군을 하였다. 행군할 때에는 입에서 거품이 나올 정도로 아리고 쓰라렸다. '낙오'와 '열외'라는 말이 가장 치욕스러운 단어로 인식되던 시절이었다.

사마귀는 건드리면 건드릴수록 독기가 올라 커졌다. 나 역시 독이 오를 대로 올라 칼로 도려내고 싶은 충동을 여러 번 느꼈지만 용하게 한 해를 견뎠다.

아주 무더운 한여름의 일이다. 속된 말로 '뚜껑이 열릴 정도'로 쓰라리고 아팠었다. 아픔을 참지 못하고 결국 문구용 칼로 돌려내고 말았다. 상처가 치유되던 날, 발걸음이 얼마나 가벼웠던지 지금도 그때 생각만 하면 두루미처럼 훨훨 날아 갈듯이 발걸음이 가벼워진다.

사마귀가 사라진 뒤, 한동안 꿈에서마저 왼쪽 발등의 사마귀 통증이 느껴졌었다. 손목 하나를 잃은 사람이 꿈에서 존재하지 않는 손가락 끝이 간지럽거나 절리거나 하는 현상을 경험한다고 한다. 과거의 경험이 뇌리에 각인되어 있기 때문이다. 그와 비슷한 현상이다.

나는 유년 시절에 오른쪽 뒤통수에 생긴 사마귀 하나를 마흔이 넘을 때까지 달고 다녔다. 전혀 불편한 점이 없었다. 단지 이발을 할 때 이발사가 신경을 곤두세워 조심하는 모습을 볼 때면 약간의 미안한 마음이 들기도 했다.

사마귀 제거 수술을 하려고 몇 번이나 예약까지 했다가 마음 한쪽 귀퉁이에서 개운치 못한 느낌이 들어서 포기하고 실행하지 못했었다.

사마귀는 유전이 아닐진대 어머니께서도 나와 비슷한 자리에, 비슷한 모양과 크기의 사마귀를 달고 계신다. 어릴 적 어머니 머리카락 속을 헤집고서 사마귀를 찾아 만지작거리며 헤헤거리던 기억이 날 때면, 나도 모르게 버릇처럼 손가락이 뒤통수의 사마귀를 만지작거리고 말았다.

그럴 때마다 총천연색 필름이 돌아가듯 유년 시절의 천진스럽던 추억이 머릿속을 헤집고 다니곤 했다. 내 가슴속 깊은 곳에서 어머니의 젊고 곱던 눈빛이 콩닥콩닥 되살아나기도 했다.

더욱이 동화와 동시를 쓸 때면 습관처럼 뒤통수 사마귀에 손이 갔다. 특히 동시를 쓰고자 할 때에는 본능적으로 내 뒤통수 사마귀를 만지작거리면서 유년 시절의 생각으로 되돌아가곤 했다. 뒤통수 사마귀가 때 묻지 않은 어린 시설의 추억으로 되돌아가게 하는 열쇠 역할을 했다고 믿고 싶다.

한때는 어머니의 사랑스런 눈빛이 가득한 유년의 생각과 추억으로 되돌아가는 열쇠라 여기며 무덤까지 함께 가려 했다. 십 년 전 피부암일 수 있다는 진단 때문에 병원에서 완전히 도려내어 버렸다. 조직검사 결과 별 문제없었지만, 지금도 사마귀가 달려 있다는 착각에 빠져들곤 한다.

이불속 어버이 마음*

어버이 눈에는 자식이 마냥 어린아이처럼 보인다. 이것은 자연의 이치요, 삶의 근본이다. 오래전 겨울, 본가에 혼자 들린 적 있다. 언제나 그랬듯이 어버이께서 "방이 춥다"며 전기장판에 몇 겹의 요를 깔고, 몇 겹의 이불을 덮어 주셨다. 그것은 훈훈한 마음을 이불속에 묻는 의식과 같은 것이다. 우리 부부 역시 자식에게는 똑같은 행동을 서슴지 않는다.

이불속은 따뜻하다. 나는 매일 밤, 이불속에 따뜻한 내 마음을 묻는다. 전기밥통이 없던 시절, 겨울 내내 어머니는 밥을 아랫목 이불속에 묻으셨다. 어머니의 부지런함과 정성 덕분에 우리 가족은 언제나 따뜻한 밥을 먹을 수 있었다. 비록 흰 쌀밥은 아니었지만, 어머니의 사랑이 듬뿍 담겨져 있었다.

그 시절에는 전기장판이나 보일러가 없었다. 연탄 온돌방은 아랫목만 따뜻할 뿐, 방 안의 공기는 겨울 내내 코끝을 시리게 했다. 추위가 닥치기 전에 아버지는 손수 함석으로 물통[湯婆]을 만들어 겨울 내내 이불속에 묻으셨다. 펄펄 끓인 물을 물통에 조심스레 넣고서 행여 가족들이 화상을 입을까 염려스러워 포대기로 감싸서 이불에 묻으셨다. 그 물통은 이불속의 온기를 아침까지 유지해 주었다. 아침에는 그 물통의 물로 우리 가족 모두가 세면을 할 수 있었다. 그 물통에서 나는 '아버지의 뜨거운 사랑은 좀처럼 식을 줄 모른다.'라는 교훈 하나를 얻었다.

---

* 두 아들이 고등학교 다닐 때 교지에 게재한 글이다. 이미 두 아들도 가정을 꾸려 이불속에 따뜻한 마음을 묻고 있다.

내가 초등학생 때, 손가락 하나 눈짓 하나로 동네 꼬마들을 움직이는 골목대장 노릇을 오랫동안 하였다. 얼마나 악동이었는지 어머니와 아버지가 나를 골치 아픈 존재로 여겼을 정도였다.

어머니와 아버지는 나를 나무라기보다는 이불속에 따뜻한 밥과 뜨거운 물을 묻듯 두 분의 가슴속에 묻으셨다. 강산이 몇 번이나 변한 지금도 내 이불속에는 어머니의 따뜻한 마음과 아버지의 뜨거운 마음이 살아서 숨쉬고 있다. 우리 부부는 전기밥통과 가스보일러 덕택에 밥이나 물을 이불속에 묻을 일은 없다.

어머니와 아버지처럼 가슴속에 묻어 두었던 따뜻한 마음을 매일같이 끼니이 이불속에 묻는다. 봄부림이 심한 아이들이 포근히 잠들 수 있게 잠자리를 돌보는 마음.

강산이 몇 번 더 변하면 내 아들 둘도 나처럼 이불속에 따뜻한 마음을 묻으리라는 것을 의심하지 않으며 행복의 미소를 머금어 본다.

살구꽃 피는 까치마을 풍경*

어린 새끼 까치가 첫 비행하는 날은 요란스럽다.

지난겨울, 하루에도 몇 번씩이나 창밖의 미루나무에 덩그렁 걸려 있는 까치집을 바라보았다. 때로는 미루나무 아래에서 얼기설기 엮은 까치집을 올려다보곤 하였다. '까치의 알은 클까. 흰색일까. 몇 개를 품고 있을까?' 궁금하기도 했다. 심지어 미루나무를 베어 버리고 까치집을 확인해 보고 싶은 충동도 느꼈다.

어느 날, 함박눈은 온통 새하얀 나라를 만들었다. 까치집 지붕도 예외일 수 없었다. 내 눈에 들어온 하얀 까치집 지붕을 통해 동심의 세계로 잠시 여행하기도 했었다.

지난봄, 살구꽃이 활짝 핀 뜰에서 아침의 상쾌한 공기를 따라 까치 지저귀는 소리가 요란을 떨었다. 창밖을 내려다보았다. 새끼 까치 두 마리와 어미 까치가 첫 비행을 성공리에 마친 듯 미루나무 위에 앉아 지저귀고 있었다.

미루나무 아래 살구나무에는 꽃바람이 감돌았다. 화사한 봄빛을 머금은 살구꽃은 볼그스름한 안개처럼 피어올랐다. 살구꽃 안개는 유월의 탐스러운 살구를 기약하며 꽃비를 뿜어내었다.

흐드러진 살구꽃을 안개처럼 잔득 달고서 드리워진 가지 아래에 검고 작은 물체가 파드득거렸다. 눈동자가 아플 정도로 한참을 뚫어지게 보

---

* 불혹의 나이에 논산에서 근무할 시절에 써 놓은 글이다. 시간이 흐른 뒤, 《오륙도 문학》에 발표했었다.

았다. 새끼 까치 한 마리가 파드닥파드닥 움직이고 있었다. 잠시 뒤, 세상에서 가장 두려운 모습으로 웅크리고 덜덜 떨었다.

첫 비행을 시도하다가 둥지에서 떨어져 다친 듯했다. 뜰로 내려가 조심스레 두 손에 감싸 쥐었다. 따뜻한 온기가 손과 마음을 녹일 정도로 훈훈했다.

내 두 손의 핏줄을 따라 까치 가슴이 콩닥콩닥 뛰었다. 그 박동이 내 가슴까지 전해졌다. 덩달아 내 가슴도 콩닥콩닥 뛰고 말았다.

고양이가 다니는 길목이라 걱정이 앞섰다. 얼른 까치집 아래의 나뭇가지에 새끼 까치를 올려놓았다. 까치집으로 무사히 귀가하기를 마음속으로 빌었다.

어미 까치는 요란스럽게 지저귀다가 지쳐서 포기했는지 이내 관심 밖의 일로 여겼다. 첫 비행에 성공한 새끼 까치 두 마리와 함께 까치집으로 날아들어 가 버렸다.

이때 까치집 출입구의 정확한 위치를 알 수 있었다. 통풍이 잘 되는 남향이면서 빗물이 들어오지 않도록 아래쪽으로 향해 있었다. 너무나 과학적인 동물임을 다시 깨달았다.

다친 새끼 까치는 몇 시간을 웅크리고 가만히 있었다. 나뭇가지 위에 앉아 두려움에 떨다가 용기를 내어 아래로 뛰어내렸다. 엉금엉금 걷기 시작했다.

잠시 눈을 땐 사이, 새끼 까치는 어디론가 사라져 버렸다. 분명한 것은 날지 않으면 높은 나무 위의 까치둥지로 돌아갈 수 없다는 것이다. '고양이 먹이가 되었을까. 날아서 둥지로 돌아갔을까?' 생각하며 매우 궁금한 하루를 보냈다.

며칠 뒤, 봄 햇살 가득한 뜨락을 거닐다 덩치 큰 까치 두 마리와 새끼 까치 세 마리가 노닥거리는 것을 보았다. 첫 눈에 그 새끼 까치가 함께 놀고 있다는 것을 알았다. 순간, 온몸에 전율이 느껴졌다.

자연의 섭리대로 날 수 있는 새만이 푸른 하늘의 아름다움을 품고 살아간다. 아직도 내 귀에는 요란을 떨던 까치 지저귀는 소리가 들려온다. 지금도 내 두 손에는 살구꽃 활짝 핀 뜰에서 느꼈던 어린 새끼 까치의 따뜻한 온기가 그대로 남아서 콩닥콩닥 뛰고 있다.

내 가슴도 콩닥콩닥….

강아지*

열대야, 너무 뜨거운 밤이다.

저녁밥을 먹고 아내와 둘이서 산책에 나섰다. 맑은 공기를 들이마시며 이런저런 이야기를 하다가 길가에 가득 자리 잡은 강아지풀 하나를 뽑아 들었다.

세상 모든 사물들은 까닭 없는 것이 없다. 귀엽고 복스러운 강아지도 어루만져 주면 반갑다고 꼬리를 살살 흔들고, 귀찮다고 박대하면 온순한 강아지도 미친개 되어 달라 들고 물어 댄다. 나쁜 마음씨를 가진 사람들은 미친개한테 물리면 자신의 잘 못은 숨기고 말 못하는 개의 탓으로 돌린다. 그것도 부족하여 발로 개를 걷어 차 버린다. "깨갱깽, 깨갱깽"거리는 소리에 희열을 느끼는 자도 있단다. 세상의 많은 사람이 그러하듯 착한 사람들은 "내가 말 못하는 개한테 나쁜 짓을 해서 천벌을 받았지."라고 자책하며 반성부터 한다.

대여섯 살 때 경남 진해에서 잠시 살았었다. 우물가에서 개한테 오른쪽 종아리를 물린 적 있다. 엄마 따라 우물가에 갔다. 엄마는 동네 아줌마들과 빨래하며 수다 떨고 있었다. 꼬마인 나는 할 일도 없고 심심하던 차에 땅개 같은 발발이 한 마리가 우물 주변에서 촐랑거리며 이리저리 뛰어다니는 것을 발견했다. 나무 꼬챙이를 들이대며 약을 살살 올렸다. 발발이 녀석이 독기가 올라 달라 들자 "엄마, 엄마!" 소리 지르며 삼십

* 불혹의 나이에 접어들기 전, 전방에서 근무할 시절에 써 놓은 글이다.

육계 도망쳤지만, 독기 품은 발발이가 눈이 뒤집힌 뒤라 역부족이었다. 당연히 종아리는 미친개의 것이 되고 말았다. 얼마나 아픈지 미친개한테 물려 보지 않고는 모른다.

그때 기억 때문인지 지금까지 살아오면서 길거리의 개를 보면 장난기를 발동하지 않는다. 말 못하는 개지만 자기한테 잘해 주는 자와 나쁜 짓 하는 자를 구별할 줄 아는 분별력을 가지고 있다.

개 조심!

참는 자*

참는 자는 복이 있다. 참음의 정도가 인격의 척도일까?

지인 가운데 한 명이 1999년에 가시오가피 묘목을 심었다. 얼마 뒤, 묘목 장사꾼한테 사기를 당했다는 것을 알아챘다. 때는 이미 늦어 사기꾼들의 흔적을 찾을 길이 없었다. 사기꾼들은 마을 농민들에게 "삼 년 뒤부터 수확량 전부를 중간 마진 없이 사 주겠다."라고 꼬드기며 계약서까지 써 주는 치밀함을 보였다. 꿈에 부푼 농민들은 너나 할 것 없이 노는 땅에 심었다.

두 해가 지났어야 가시오가피가 아니고 오가피임을 알아차렸다. 약용식물을 잘 모르면 어린 묘목으로는 분간하기 어렵다. 약간의 지식만 있어도 알 수 있었을 텐데 하며 아쉬워했다. 가시가 돋지 않자 가지를 잘라 전문가에게 의뢰한 결과 오가피였다.

마을 농민들은 사기꾼을 찾아 갔으나 이미 사무실을 폐쇄하고 도주한 뒤였다. 전문 사기꾼들이었다. 있는 돈 없는 돈 다 끌어 모아 수백 그루씩 심은 노인들은 부화가 나서 오가피나무를 뽑아 버리기도 했다. 마음을 비운 몇 명을 제외하고는….

그는 없었던 일로 생각하고 태평스럽게 내버려 두었다. 오가피는 나무라서 저절로 자라기 마련이다.

잊고 지내고 있던 차에 약재상에서 연락이 왔다. 오가피 열매와 가지

---

* 불혹의 나이에 논산에서 근무할 시절에 써 놓은 글이다.

를 구매하겠다고 나섰다. 농민을 대상으로 전문 사기꾼들이 기성을 부린다는 것을 알기에 조심스럽게 접근했다. 현금 오백만 원을 받고서야 팔아넘겼다. 이백만 원을 투자하여 삼 년 뒤 오백만 원을 벌었으니 농민으로서는 큰돈이다. 없던 걸로 생각했으니까 횡재한 셈이다.

그는 평소 성격이 능글능글하고 태평스럽다. 역시 참는 자에게 복이 굴러온다. 올해는 작년보다 더 많은 양을 수확할 수 있단다.

참고 볼일이다.

아직도 나를 아프게 하는 누렁이

초등학교 5학년 겨울방학 때 일이다. 나와 형은 부모님과 잠시 떨어져 할머니와 할아버지와 함께 살았었다. 우리 집 누렁이에게 변이 생겼다.

"할매와 할배는 사나흘 고모한테 다녀올꾸마."

"예…."

"누렁이 밥 잘 주그래이!"

"예…."

"밤에는 누렁이 집에 묶어 두고, 낮에는 양지바른 울에 묶어 두그래이."

"예, 잘 다녀 오이소."

나와 형은 마침 일요일이라 하루 종일 보물처럼 여기던 흑백 TV 앞에 앉아 정신이 팔려 있었다. 저녁 9시가 다 되어서야 내 머리가 정상으로 돌아 왔다.

"누렁이, 누렁아!"

낮에 양지쪽 울에 묶어 둔 채, 저녁밥 챙겨 주는 것도 깜빡, 찬바람을 피할 수 있는 누렁이 집으로 옮기는 것도 망각하고 말았다. 그날 따라 얼마나 추웠던지 누렁이가 힘없이 앉아 있는 모습을 본 순간, 내 가슴은 찡하다 못해 온몸의 기가 땅속으로 빨려 들어가는 듯했다.

고리를 풀어 잡고 누렁이를 개집으로 옮기려 하는데도 꼼짝달싹하지 않고 가만히 앉아 눈물을 흘리고 있었다. 이때, 머릿속에서 불길한 예감이 엄습해 오면서 할머니께서 하신 말씀이 스치고 지나갔다.

"용아, 강아지는 감기 들면 죽는데이. 그래서 코와 입을 감싸고 자는 기다."

아차 싶어 창고에 있던 누더기 옷을 하나 꺼내어 누렁이 집에 넣어 주었다. 코와 입이 따뜻하기를 바라면서 대문 앞에 있던 누렁이 집 안을 기웃거렸다. 안타까운 마음에 한참을 쓰다듬어 주고 나서 저녁밥을 끓여 주었지만 먹지 않았다.

다음 날 아침, 날이 밝자마자 누렁이 집으로 달려갔다. 간밤에 얼마나 추웠던지 누렁이의 밥그릇은 꽁꽁 얼었고, 눈에는 하얀 액이 더덕더덕 붙어 있었다. 고등어 대가리와 식은 밥을 잘 섞어서 아침밥을 연탄불에 새로 끓여 주었지만 먹지 않았다. 낮에는 양지쪽 울에 옮겨서 따뜻하게 해 주려고 노력했지만 꼼짝달싹하지 않아 애가 탔었다.

저녁밥을 가지고 갔을 때 이미 누렁이는 싸늘하게 식어 버린 뒤였다. 누렁이에게 죄스러워 눈물이 와르르 쏟아져 흘러내렸다. 어둑어둑 해거름 무렵이고 해서 누더기를 덮어 주고 내 방에 가서 한참을 울었다. 형은 누렁이가 죽었다는 말에도 별 반응이 없었다.

그다음 날 아침, 간밤에 눈물을 많이 흘려서인지 피곤하여 늦잠을 자고 있었다. 대문 두드리는 소리에 잠을 깼다. 할머니와 할아버지께서 돌아오셨다.

"할매, 일찍 오셨네예!"

"밤에 강아지가 꿈에 보여서 일찍 나섰다 아이가."

"할매야, 누렁이가 죽었다!"

나는 눈물이 벌컥 쏟아지기 시작했다. 할머니와 할아버지는 다 알고 있었다는 듯이 나를 위로하셨다.

"됐다. 그만 울어라!"

할아버지께선 아무런 말없이 누렁이를 누더기로 말아서 지게에 지고서 대문을 나서셨다. 나는 까치발로 울타리에 턱을 걸치고서 할아버지께서 뒷산으로 오르시는 뒷모습부터 양지바른 곳에 묻고 내려오시는 모습까지 멀리서 지켜보았다.

할머니께선 내 잘못으로 누렁이가 죽었다는 것을 아시는 듯 "용아, 누렁이는 운이 다해 죽었다! 괜찮으니 안심하여라."며 말씀하셨다.

할머니께선 학식은 없었지만, 사람의 마음을 뚫어 보는 안목을 가지고 계셨다. 꿈 해몽도 아주 잘하셨다.

그로부터 2년 뒤, 할머니는 나에게 베푸시던 사랑을 끊으시고 하늘나라로 훌쩍 떠나셨다. 앉은 자세로 "용아, 흰 저승 개들이! 자꾸자꾸 가자고 하네…."라며 마지막 말을 남기고 숨을 멈추셨다.

나는 세상이 무너지는 것 같아 서럽게 울었다. 유유히 낙동강이 흐르는 김해평야를 내려다보며 꽃상여 타고 가시는 할머니를 따라가면서 남의 눈 때문에 가슴으로 울고 또 울었다.

마흔 살을 넘긴 지금도 할머니와 할아버지 생각이 날 때면, 누렁이에 대한 죄책감이 가슴 조이며 엄습해 오곤 한다.

얼마 전에는 길거리에 버림을 당하는 개가 늘어 간다는 보도를 접했다. 사람들은 개가 늙고 볼품없어지면 장난감 버리듯 한단다. '그들의 가슴은 따뜻할까?' 곰곰이 생각에 잠겨 가슴앓이를 한 적 있다. 아직도 나의 가슴을 아프게 하는 누렁이가 내 가슴에 살아 있기 때문이다.

백일화百日花 나들이

"무궁화 꽃이 피었습니다."

열까지 세는 술래놀이의 말이다. 언제부터 술래놀이에 차용했는지는 정확히 알 수 없다. 우리나라 꽃 무궁화를 사랑하는 마음에서 누군가가 시작했을 것이다.

올여름에도 어김없이 무궁화 꽃이 피었다. 100일 동안 변함없이 피고 지고 반복할 것이다. 무궁화는 첫 꽃이 피기 시작한 뒤부터 피었던 꽃이 지면 다음 날에는 다른 꽃이 피어 마지막 꽃은 100일이 되어야 지는 일종의 '백일화百日花'이다.

'백일화'라는 말은 사전에서도 찾아 볼 수 있다. 우리의 조상은 100일 동안 피고 지는 배롱나무 꽃을 '백일화'라고 불렀다. 더불어 꽃의 색깔을 합성시켜 '백일홍百日紅'이라고도 불렀다. 이 꽃은 여름에서 가을에 거쳐 핀다. 흔히 '목백일홍木百日紅'이라 한다.

상큼하게 피어 있는 무궁화 꽃을 보면서 무더운 여름철 동안 지인들에게 무궁화 꽃이 피고 지는 모습을 관찰할 것을 권유해야겠다는 생각을 해 보았다.

개량종 무궁화 꽃이 많아 백일을 채우지 못하거나 훨씬 넘기는 나무가 많긴 하지만, 백일 정도 핀다는 것과 만개하는 칠팔월에는 몇 송이가 지면 다음 날 몇 송이가 다시 핀다.

이처럼 끈기 있는 꽃이다. 우리나라 꽃을 많은 사람이 사랑하기를 빌어 본다.

우후죽순雨後竹筍과 우후돈초雨後豚草

매년 장마가 지나간 8월이면, 도로변과 길가, 공터에는 돼지풀이 무성히 사람 키보다 크게 자란다.

돼지풀의 급성장은 도로를 달릴 때 시야를 가려 교통사고의 원인이 되기도 한다. 돼지풀이 점령한 대지에는 꽃나무와 잔디가 살지 못하고 죽어 버린다.

그 때문에 행정 관청에서는 인력을 동원해 돼지풀과의 전쟁을 하기도 한다. 장마 이후 급성장하는 것을 사전에 차단하기 위해 자르거나 뽑는다.

돼지풀은 외래 식물이다. 아무 쓸모없는 풀이라는 뜻에서 돼지풀이라고 명명하였다고 한다. 돼지조차 외면하는 불필요한 풀이라는 뜻이다.

우후죽순雨後竹筍이라는 표현처럼 비온 뒤 돼지풀이 무성하게 자라나는 것을 보고 우후돈초雨後豚草라고 표현해 본다. 쓸모없는 것들이 여기저기 많다는 의미로 생각해 본다.

인간은 쓸모없는 일에 집착하기도 한다. 병적으로 집착하는 자들을 볼 때면 '쓸모없는 짓을 하고 있군.'이라는 생각이 들곤 한다.

우후돈초 같은 삶이 싫다. 쓸모 있는 삶을 살고 싶다.

제3부

고급문화도 문화요, 대중문화도 문화다

부산을 일컬어 '문화 불모지'라고 주장하는 사람들이 흔하다. 과연 부산이 문화 불모지일까?

엄격하게 말하면 문화 불모지라는 말은 잘못된 표현이다. 아마도 그들은 오페라 공연과 오케스트라 연주회와 같은 소수 계층을 위한 고급문화를 접할 기회가 많지 않다는 이유를 들어 주장하는 것이라 믿고 싶다.

대중문화는 문화가 아니라는 말인가? 이 시대의 고급문화는 그 나름대로 발전시켜 나가야 할 과제임은 당연하다. 경제성 논리에 맞대어 놓고 보면 오히려 대중문화가 더 효자 노릇을 한다.

지금은 대중문화를 무시할 수 없는 시대다. 그렇다면 영화·게임·그래픽디자인 등과 같은 영상 혹은 디지털문화 콘텐츠, 문화재 관람·의료 시설이용·각종 시장 관광 등과 같은 관광 문화 콘텐츠, 그리고 해양 레포츠와 같은 각종 놀이 문화 콘텐츠 등등, 부산의 문화 콘텐츠는 고급문화보다는 대중문화에 비중을 더 두고 있음을 알 수 있다.

최근에 '문화 불모지'를 불식시키겠다는 부산시의 문화 정책의 하나로 '북항재개발사업'과 연계하여 1,800석 규모의 '오페라하우스' 건축을 추진 중이다. 오페라 공연과 오케스트라 연주와 같은 고급문화를 쉽게 접할 수 있도록 공연장을 마련한다는 것은 매우 고무적인 정책이지만, 고급문화만을 일컫는 문화라는 표현은 현시대에 맞지 않다.

고급문화도 문화요, 대중문화도 문화다. 이 둘의 조화와 어울림이 무엇보다도 중요하다. 이를 잘 통합하고 융합하여 더 나은 문화를 창조해 낸다면, 이보다 더 좋은 문화가 어디 있겠는가?

부산은 원삼국 시대에 '가야 문화권'에 속했다. 『삼국사기』에 의하면 2천여 년 전, 즉 1세기경 '거칠산국'이라는 부족국가가 존재했다. 이를 『신증동국여지승람』에서는 '장산국(내산국)'이라고 전해진다. 이들은 철을 생산하여 해양을 발판으로 삼아 왜국(일본)과 동남아, 인도와 아랍권의 다른 국가에 수출하는 해양 소왕국이었다.

다시 말하면, 철의 나라, 해양의 나라, 무역의 나라였다. 신라에 병합된 뒤 동래군, 고려 시대에는 동래현, 조선 시대에는 동래진과 동래부로 명명된 곳이다. 왜국과 접하고 있어 국방·외교·무역 거점으로서의 매우 중요한 역할을 담당했던 곳이다. 특히 조선 시대 남부 지방의 정치·행정·경제·문화 등의 중추적 역할을 담당한 곳이기도 하다.

또한, 부산항은 고종 13년(1876)에 제일 먼저 개항하여 약 150년에 걸친 항만 시설의 확충과 정비로 한국 최대 물류 기지로서 역할은 물론이고, 동양 최대 물류 허브의 역할까지 소화해 내는 항만으로 발전해 왔다.

그야말로 과거와 현재가 역동하는 곳이다. 즉, '역사적 원형'을 간직한 곳이다. 이와 더불어 '부산국제영화제' 확충, '오페라하우스' 건축 추진, '국립해양박물관' 개관 등 부산의 문화도 현대적으로 변모하여 역동하고 있다.

부산은 해양을 통해 첨단 혹은 선진 외래 문물과 문화를 가장 먼저 수용하고 전파하는 역할을 해 온 곳이다. 오랜 역사를 통해 토박이들의 정신적 유전자에는 탁월한 문화 수용 능력이 흐르고 있음이 분명하다. 토박이들의 의식에는 따분한 고급문화보다는 함께 즐기고 어울리는 대중문화에 더 심취하는 성향을 보인다. 고리타분한 대륙 문화보다는 새롭고 신비로운 해양 문화에 더 무게를 둔다.

앞으로도 부산의 문화는 해양 문화와 대륙 문화의 융합 문화이면서 선진 문화 유입의 관문으로서 미래 문화 창조에도 크게 이바지할 것이라고 장담해 본다.

고전을 읽으면 미래가 보인다

고전을 읽자! 미래를 향한 새로운 문화 창조의 답이 고전에 있다. 이렇게 주장한다면 무리일까?

한때 고소설을 변형한 영화 제작이 유행했다. 고소설 『춘향전』이 영화 <춘향전>과 <방자전>, <아랑각 전설>과 고소설 『장화홍련전』이 영화 <장화, 홍련>, 고소설 『전우치전』이 영화 <전우치> 등으로 재탄생하기도 했다. 이것은 고전이 '원 소스(one source)'로서의 역할을 톡톡히 해내고 있음의 증거이기도 하다.

고전의 한 작품을 원천으로 삼아 여러 가지 콘텐츠로 재생산하는 것을 '원 소스 멀티유즈(one source multi-use)'라고 한다. 그 대표적 예가 고소설 『심청전』이다. 실명失明과 광명光明 모티프 덕을 톡톡히 보고 있다.

깊은 사고를 하는 우리 인간은 실명이라는 말만 들어도 무의식적으로 온몸에 소름이 돋는다. 세계적으로 실명 모티프가 나타난 작품은 수없이 많다. 우리나라 작품에서 대표적인 작품만을 언급해 보면, 고소설 『심청전』, 이청준의 소설 『서편제』, 임권택 감독의 영화 <서편제>를 들 수 있다. 이들은 우리 전통적인 한의 표상임과 동시에 비극적 한의 구조를 이루고 있다.

영화 <서편제>는 이청준의 소설 『서편제』와 『소리의 빛』을 변용하여 영화화하였다. 원작을 수정·변형·삭제·추가하여 예술성의 완성도를 높이려고 애쓴 작품이다. 영화는 원작과 많은 차이점이 있다. ①소설에서는 송화가 동호의 여동생이지만, 영화에서는 누나로 등장한다. ②소설에서 송화는 처녀로 암시되어 있지만, 영화에서는 딸까지 둔 유부녀이다. ③송화의 눈을 멀게 하는 장면은 소설에서는 아버지가 잠자고 있는 딸의 눈에 청산가리를 찍지만, 영화에서는 한약을 먹인다. ④소설에서는 오누이가 만나지 못하지만, 영화에서는 만난다는 차이점을 보여 주고 있다. 원작과 영화의 공통점은 '소리(청각)'의 완성도를 높이기 위해 '시각'을 죽이고야 마는 비극적인 한의 구조이다. 영화에서 송화의 완성된 <심청가>의 소리는 우리 전통적 한의 표출이자 한의 삭임으로 승화한다.

고소설 『심청전』은 우리식 실명 모티프의 표상이다. 현재까지 발굴된 고소설 중에서 유일한 실명 모티프 소설이다. 달리 보면, 초극의 광명 모티프이기도 하다. 지금도 변함없이 감동을 자아내고, 폭넓은 사랑을 받고 있다. 그뿐만 아니라 이를 변형한 소설은 물론이고, 재생산하거나 패러디한 예술 작품(영화, 연극, 뮤지컬, 만화 등)이 헤아릴 수 없을 만큼 많이 탄생하였다. 그야말로 '원 소스 멀티유즈'이다.

고소설 『심청전』의 비합리적 내용을 삭제하고 새롭게 합리적 내용으로 변형한 작가 미상의 『몽금도전』(1916)이라는 딱지본이 있다. 고소설과 차이점은, ①심청이 용궁에 다녀온 부분을 현실이 아닌 꿈으로, ②심 봉사가 눈을 뜨고 광명을 찾는 부분을 영원히 눈을 뜨지 못하는 것으로 변형하였다. 또한, 고소설 『심청전』을 변형한 작품 중 『오이디푸스 왕』의 비극적 구조처럼 스스로 눈을 찔러 실명하는 모티프로 변형한 채만식의 『심종사』(1936)라는 희곡이 있다. 고소설과 차이점은, ①심청이 물에 빠져 영원히 살아오지 못하는 것으로, ②심 봉사가 눈을 뜨지만, 딸을 죽음에 이르게 한 죄책감에 스스로 눈을 찔러 영원히 실명하는 것으로 변형하였다. 이것도 비극적인 한의 구조이다.

이처럼 고소설 『심청전』이 그리스의 비극 『오이디푸스 왕』의 실명 모티프 못지않게 풍부한 상상력과 끈질긴 생명력으로 재생산되어 왔다. 앞으로도 비극적 한의 구조와 실명 모티프의 표상인 『심청전』에 근원을 둔 예술 작품이 꾸준히 재탄생할 것이다. 몇 세기 동안 문화 콘텐츠의 '원 소스'로서 꾸준히 생명력을 이어 나갈 것이라고 장담도 해 본다. 이는 우리의 정신세계와 물질세계를 풍요롭게 하고도 남음이 있을 것이다. 결국, 미래의 답은 고전에 있다. 고전을 읽으면 미래가 보인다. 미래를 잡자!

신화와 역사의 관계

–역사적 사실의 해석 틀은 통설通說

흔히 신화를 역사라고 말하기도 한다. 신화가 사실을 반영한 역사일 수는 없다. 역사가 사실을 기록하고 있다면, 신화는 한 시대 사람들이 생각하고 경험했던 마음을 담고 있다. 신화가 역사의식의 일부를 반영하고 있다 하더라도 신화가 역사적 사실 그 자체일 수는 없다.

문자로 기록하지 못하고 구전만으로 전하는 종족이나 씨족 사회의 신화는 그들의 역사이기도 하다. 구전되면서 내용이 변형되기도 하지만, 그들의 실질적인 역사와 생활의 전통이 녹아들어 있음을 부인할 수 없다.

고조선을 세운 단군은 천제의 아들 환웅과 곰이 변신한 웅녀 사이에서 태어났다. 나라마다 건국 초기의 역사적 인물에 대한 이야기는 어김없이 신화적 내용으로 채색되어 있다. 고구려의 시조 동명왕이 알에서 태어났다. 신라의 4대왕 탈해왕도 알에서 태어났다. 박혁거세도 하늘에서 내려온 자줏빛 알에서 태어났다. 가야의 김수로왕도 구지봉에 내려온 황금 알에서 태어났다. 제주도 삼을나는 땅에서 솟아났다.

신화적 요소와 역사적 요소가 혼재해 있는 이런 종류의 이야기에 관해 변형된 역사인지 문학적 허구인지 끊임없이 의문이 제기되어 왔다. 분명한 것은 신화는 변형되기도 하고, 재창조되기도 한다.

신화는 신이나 초자연적 존재에 관한 이야기다. 인간 세상에서 도저히 있을 법하지 않는 내용을 담고 있다. 그래서 신화는 역사적 사실로 간주되지 못하고 허구로 인식할 수밖에 없다.

김현자의 『신화, 신들의 역사 인간의 이미지』(2004)를 읽어 보면, 신화와 역사의 관계를 논의하는 과정에서 유의해야 할 점을 다음과 같이 언급하고 있다. ① "신화는 역사의 요소들이다."라는 점. ② "역사 연구 대상에서 신화가 배제되어 왔"다는 점. ③ "신화는 인간 활동에 관한 이야기가 아니라 신들이나 초자연적 존재들에 관한 이야기"라는 점. ④ "신화는 허구가 아니라 역사이다. 역사는 역사이되, 사실과는 다르게 왜곡된 역사가 바로 신화라는" 점. ⑤ "역사적 사건들이 지식인에 의해서 또는 민중의 기억 속에서 신화적 윤색을 겪으며 변형"해 왔다는 점. ⑥ "동일 인물의 행적에 관한 이야기가 연대기적으로 상당한 편차를 보이거나, 동일 인물이 상반되는 행위를 하며 등장하기도 하는 사건 및 인물들의 시대착오"가 빈번히 나타나는 점 등이다.

신화는 역사의 단순한 반영이 아니다. 신화에 역사적 사실이 개입되었다 하더라도 신화적 상상력 속에서 재편된 역사이다. 그렇다고 사실적 역사는 아니다. 이를 유의하여 신화를 접해야 한다.

역사는 사실을 반영하는 것이다. 역사적 사실의 근거는 통설이다. 통설이라는 해석 틀에 무게를 두어야 균형 잡힌 역사라고 말할 수 있다. 고려의 왕건, 조선의 이성계가 정권 초기에 영웅담을 뛰어넘어 그들 가문과 선대를 신격화했다. 그뿐만이 아니라 이성계는 정변 혹은 반란을 혁명으로 정당화하기 위해 우왕을 비롯한 최영 장군과 신돈 등에 대해 저질적인 기록을 남기기도 했다. 오늘날 그 왜곡된 역사를 그대로 수용하는 역사학자는 드물다. 승자 중심의 왜곡된 역사라는 것이 통설이기 때문이다.

우리나라 국민 누구나 일본의 역사 왜곡과 중국의 동북공정을 이구동성으로 비판한다. 특히 일본의 역사 왜곡을 접할 때면 분노하기도 한다. 일본이 동아시아사의 통설과 거리가 먼 아전인수 격으로 역사를 해석하고 왜곡하고 있기 때문이다.

역사는 흐른다. 끊임없이 흐른다. 되돌릴 수도 없다. 신화적 상상력과는 다르다. 일본과 중국이 힘의 논리로 역사를 왜곡해 본들 훗날 언젠가는 통설이라는 해석 틀 안에서 재해석될 것이다. 일본과 중국의 역사학자들도 세계 대부분의 역사학자들이 통설이라는 해석 틀을 중시함을 늘 상기하기를 바랄 뿐이다.

이 땅에서도 통설에 근거 한 사실적 역사를 기록하고, 그런 객관적인 역사가 끊임없이 이어져 유구한 역사에 흠이 생기지 않기를 빈다.

요산문학관을 찾아서

부산에는 3개의 문학관이 있다. 해운대 달맞이 고개에 '추리문학관', 동래구에 '이주홍문학관', 금정구에 '요산문학관'이 있다.

이 가운데 방문객이 가장 적은 곳이 '요산문학관'이란다. 프로그램 참가자를 제외하면 하루에 2~3명 정도만 방문하는 날도 허다하단다. 부산 시민들이 문학관에 관심이 없다는 의미일까? 시민의 혈세로 조성한 지원 예산을 낭비할 필요가 있을까? 한번쯤 생각해 볼 일이다.

지하철 1호선 범어사역 1번 출구로 나가면 청룡초등학교 정문 앞에 '남산동 문화거리'가 있다. 요산 김정한 선생의 사진과 생애를 소개하는 설치물이 담벼락에 부착되어 있기도 하다. 이정표를 따라 금정산 방향으로 800미터 정도 올라가면 우측에 요산문학관이 자리하고 있다. 부산시 금정구 남산동 662번지이다.

요산문학관은 2002년 설립된 (사)요산기념사업회가 운영하고 있다. 매주 화요일~일요일까지 누구에게나 무료로 개방한다. 월요일은 휴관이다. 수익성과는 거리가 먼 '개방형 문학관'이다. 홍보 자료에 의하면 "요산 김정한 선생(1908~1996)을 기념하고, 그의 문학을 기리며 이를 통해 시민정신을 고양하기 위한 문화 공간이다. 2007년 3월 개관한 이 문학관은 대지 1,128.76㎡, 연면적 749.80㎡의 반 지하 1층, 지상 3층의 현대식 건물과 넓은 정원으로 꾸며져 있다." 크지도 작지도 않은 아담한 공간에 '박물관형'과 '숙박집필형' 공간으로 활용하고 있다.

요산문학관은 요산 선생의 생가라는 '외재적 공간'에 건립한 문학관이다. '미당문학관'과 '홍명희 문학관'처럼 생가와 문학관이 결합한 문학관이다.

홍보 자료에 의하면, "1908년 김해 김씨 집성촌이었던 곳에서 태어나 범어사 부설 명정학교를 마치고 동래고보를 거쳐 와세다대학 부설 제일고등학원 문과를 다니셨다. 1996년 부산광역시 서구 동대신동 자택에서 타계하셨다. 이 고장의 작가들의 뜻 있는 인사들의 성원에 힘입어 부산광역시의 예산 지원을 받아 2002년 12월부터 퇴락한 집을 헐고 원형 그대로 복원하는 공사를 시작하여 2003년 6월에 완공하였다. 부산의 진산인 금정산을 뒤로하고 오륜대를 바라보고 있는 생가는 팔작지붕에 일자형의 전통 한옥"으로 복원했음을 알 수 있다. 복원된 생가를 '숙박집필형' 공간으로 활용하기도 한다.

요산문학관 2층 전시실을 둘러보면, '박물관형' 문학관으로 구성되어 있다. '박경리문학의 집'과 '태백산맥문학관'처럼 박물관으로서의 기능을 수행하고 있다. 요산 선생의 육필 원고와 소설집, 평론집, 수필집, 시집 등 각종 작품집, 그리고 작품 활동을 하면서 직접 만든 사투리 한글 사전, 서예 작품, 즐겨 읽던 책과 사진 등 3,000여 점의 유품이 전시돼 있다. 일경에 피검된 후 부모님께 보낸 서신과 문우들과의 서신, 사진도 다수 보관돼 있다. 한국문학상과 문화예술상, 문화훈장 등 각종 수상 관련 자료도 전시되어 있다.

아주 인상적인 전시품이 하나 있다. 문학관 입구에도 요산 선생의 흉상이 설치되어 있지만, 2층 전시실 가운데쯤에 웃는 모습의 흉상이 서 있다. 해가 길게 들어오는 유리창 아래 복원된 생가를 내려다보고 웃음을 뿜어내고 있는 듯 보인다.

다른 문학관에서 보기 드문 특징이 하나 있다. 요산 선생의 생애를 한쪽 벽면에 그림과 글로 표현한 스토리텔링이 있는 공간으로 꾸며져 있다. 그림의 가치와 한계는 기록 중심의 시간 지향적인 커뮤니케이션과 관련이 깊다. 그림 이미지는 강력한 의사소통 수단이다. 글과 그림이 적절하게 어울리는 조화로움이 무엇보다도 인상 깊다.

부산 시민들이 요산 선생의 문학 정신을 사랑하고, 아끼는 마음으로 한번쯤은 견학하면 좋겠다. 이 소원이 이루어지기를 빌어 본다.

영화 <터널>이 고발한 '인간의 이기심'

현대인은 도로의 터널을 비롯해, 지하철과 지하 시설물 같은 거대한 인공 터널 속을 하루에도 몇 번씩 드나든다. 우리는 흔히 일상에서 "어둠의 긴 터널을 지나", 또는 "어둠의 긴 터널을 뚫고"라는 말을 쓴다. 이것은 터널이라는 공간 자체가 어둠과 밝음의 뜻을 함께 담고 있기 때문이다.

인간은 밝음(빛)을 갈망하는 존재이다. 빛은 어둠이라는 '무지'에서 밝음이라는 '깨달음'으로 옮겨 가는 경계에서 안내자 역할을 한다. 그래서 '터널'은 어둠 그 자체로는 절망의 표상이지만, 빛이 가미되면 희망의 표상이 되기도 한다.

2016. 8. 10. 개봉한 김성훈 감독의 영화 <터널>이 3일 만에 관객 160만 명을 돌파했다. 이 영화를 보는 동안, 황석영의 장편소설 『강남몽』의 장면들이 연상되었다. 장소의 차이점은 있으나 콘크리트 더미 속의 어둠에 갇힌 사람들의 삶에 대한 애착과 등장인물들이 토해 내는 사회 비판적인 시선이 비슷하다. 이 소설 1장에서 박선녀가 대성백화점 붕괴 사건(1995. 6. 29. 삼풍백화점 붕괴 사건) 현장의 콘크리트 더미의 어둠 속에 갇힌다. 5장 결말에 붕괴 17일 만에 유일하게 살아남은 임정아의 눈에 손전등 불빛과 함께 "거기 누구 있어요?"라는 남자의 굵은 음성이 들려온다. 그 절망의 어둠 속에서 희망의 손전등 불빛과 함께 몰려든 수십 명의 구조대원에게 구조된다.

영화 <터널>의 주인공은 이정수(하정우)이다. 그가 딸의 생일날 상쾌한 기분으로 귀가하던 중 갑자기 터널이 붕괴하여 그 안에 갇힌다. 그가 가진 것 중 생존에 필요한 것은 구조대장이 전화로 확인할 당시 78% 남은 배터리의 휴대폰과 생수 두 병, 딸의 생일 케이크가 전부이다. 터널 안에 함께 갇힌 취업 준비생 처녀는 며칠을 버티다 죽는다. 그녀가 죽기 전, 그는 생명과도 같은 물을 나눠 주기도 한다. 그녀의 강아지가 그의 케이크를 먹어치운다. 그는 강아지 사료를 찾아내어 강아지와 나눠 먹고, 자신의 소변을 마시며 생존의 몸부림을 친다. 구조대장 대경(오달수)은 터널에 진입하기 위해 노력해 보지만, 구조 작업 중 인명사고가 발생한다. 이를 계기로 구조 작업은 중단되고, 인근 제2터널 막바지 발파 작업을 해야 한다는 여론이 65%에 달한다. 그의 아내 세현(배두나)은 그가 유일하게 들을 수 있는 FM 라디오 94.2MHz를 통해 구조 작업의 중단을 알린다. 이처럼 터널 안 그는 구조의 희망으로 버티지만, 터널 밖의 이기심으로 가득 찬 인간들의 셈법은 다르다. 결국, 구조대장의 노력 덕분에 그와 강아지는 생환한다. 해피엔딩이다.

'터널'은 빛이 없는 '죽음'과 빛을 갈망하는 '희망'을 상징한다. 더불어 '터널'에 빗대어 생명의 존엄성을 지켜내지 못하는 '인간의 이기심'을 비틀어 대고 있다. 즉, 우리 사회에 만연해 있는 이기심을 경계해야 한다는 우의寓意가 담겨 있다. 복선에 세월호 사건을 비롯한 대형 재해재난에 허술하게 대처하는 우리 사회 여러 이슈를 꼬집고 비틀기도 한다. 사회 고발적인 많은 메시지를 담고 있다.

우리나라 영화 중 '터널' 모티프의 영화가 흔하지는 않다. 곽경택 감독의 영화 <친구>(2001)의 시작 장면에서 연막소독차 뒤를 따라 뛰어가는 어린아이들이 부산진시장과 매축지마을을 잇는 짧은 터널을 통과한다. 영화 속 어린 주인공들이 그 연막을 이용해 수박을 비롯한 물건을 훔쳐 달아나는 장면이다. 이 영화에서 터널을 통과하는 장면은 '현실 세계에서 어릴 적 추억의 세계로 이동하는 효과'를 위한 장치이다.

또한, 86분 전체 분량을 3D 입체 영상으로 촬영한 공포영화 <터널 3D>(2014)는 처음부터 터널이라는 한정된 공간 안에서 시작한다. 여행을 떠난 친구들이 터널 안에 갇힌다. 미스터리한 공포와 사투를 벌인다. 터널의 어두운 공간은 공포와 긴장감이 감도는 분위기를 조성한다. 미스터리한 폐쇄된 공간이다. 즉, 공포와 죽음의 공간을 상징한다.

필자는 영화와 문학작품에 나타난 '터널'에 대한 글을 여러 차례 발표하면서 매번 글의 말미에 "터널, 계단, 지하, 다리, 강 등과 같은 공간의 상징적 장치에 대해 더욱더 깊이 연구할 가치가 있다."라며 밝히기도 했다. 우리 모두 영화 <터널>이 고발한 '인간의 이기심'에 대해 한 번쯤 생각해 볼 필요가 있을 것 같다.

표절 의혹과 노이즈 마케팅(Noise marketing)

2016년 여름, 영화 <덕혜옹주>의 개봉으로 소설 『덕혜옹주』(2009)와 평전 『덕혜옹주』(2008. 이하 평전은 『덕혜희』로 표기)가 다시 관심을 끌었다. 영화 <덕혜옹주>에 대한 대중의 관심 덕분에 이들 책도 제법 팔렸다고 한다.

영화 <덕혜옹주>는 팩션(faction)물이다. 원작인 소설 『덕혜옹주』도 마찬가지이다. 이 영화는 원작을 토대로 하여 더 상상력을 가미했다. 실존 인물인 덕혜옹주(1912~1989)의 일대기에 영화적 상상력을 덧붙여 새로운 이야기로 탄생시킨 팩션이다. 팩션은 팩트(fact, 사실)와 픽션(fiction, 허구)을 합한 신조어이다. 최근에는 소설뿐만 아니라, 드라마, 영화, 연극 등에서 무한한 상상력을 촉발시키는 원동력을 제공하는 용어이기도 하다.

영화적 상상력을 가미한 독립운동에 관한 부분이 역사 왜곡이라는 부정적인 측면에서 비판을 받기도 했다. 대한제국 황족들이 일제로부터 받은 혜택을 감추고, 오히려 국민의 감성에 호소하여 애국자로 미화하려는 의도를 지닌 영화라고 비판받았다.

영화적 상상력이라는 측면에서 보면, 더한 이야기도 창조해 낼 수도 있는 문제이다. 하지만 덕혜옹주를 중심으로 그린 역사물이라는 점에서 역사적 고증을 받을 필요가 있다고 할 때 비판의 대상임은 분명하다. 어쨌든 이 글에서 그 논쟁의 옳고 그름과 어느 쪽의 주장이 더 타당한가에 대한 판단은 독자 개개인의 몫으로 남긴다.

영화 <덕혜옹주>의 원작인 소설 『덕혜옹주』의 표절 의혹도 부정적인 측면에서 다시 관심의 대상으로 떠올랐다. 더 구체적으로 말하면, 인터넷 공간은 물론이고, 독자들 간에도 평전 『덕혜희』의 저자 일본 여성 사학자 혼마 야스코 측에서 제기한 표절 의혹 43군데가 다시 회자되었다. 그것은 영화 <덕혜옹주>의 인기와 함께 평전 『덕혜희』와 소설 『덕혜옹주』를 정밀하게 읽은 독자가 많아졌다는 말이기도 하다.

2010년 상반기 최고 베스트셀러로 손꼽히던 권비영의 소설 『덕혜옹주』가 그 당시 표절 시비에 휩싸이기 시작했다. 일본의 여성 사학자 혼마 야스코가 [한겨레] 신문(2010. 9. 25.)에 기고한 '『덕혜옹주』 일본인 원작자의 편지'라는 제목의 독자칼럼에서 소설 『덕혜옹주』가 자신이 집필한 평전 『덕혜희』를 허락 없이 무단 차용했다고 주장하면서 불붙었다.

혼마 야스코는 "소설은 난해한 소 다케유키의 시를 비롯해 내 책의 내용을 셀 수도 없을 만큼 많이 무단 차용했다."라며 "표현을 바꾸는 식으로 저작권법상의 그물망을 피하려 하고 있었다."라고 비난했다. 교묘하게 표절 흔적을 지웠다는 의미이다. "타인의 저작을 이용하는 것 치고는 상식의 도를 넘어선 것이었다."라고 주장했다.

권비영의 소설 『덕혜옹주』를 펴낸 출판사 측은 표절 의혹을 부인했다. '작가의 말' 등을 통해 혼마 야스코의 책을 자료로 삼았다는 사실을 밝혔다는 주장이다. 사료를 소설로 재창작했다는 것이다.

[한겨레] 신문(2010. 10. 16.)의 독자칼럼에 실린 소설가 권비영의 반론은 "소설 『덕혜옹주』와 전기문 『덕혜희』의 어떤 부분이 표절을 의심케 한다는 말인가? 두 책을 놓고 아무리 비교해 보아도 역사적 사실을 제외한 어떤 부분에서도 비슷한 점을 발견할 수 없다."라고 주장하며 표절 의혹을 완강히 부인했다.

소설가 권비영과 그녀를 옹호하는 측에서는 "역사적 사실을 제외한 어떤 부분에서도 비슷한 점을 발견할 수 없다."고 완강하게 부정할 수도 있다. 독자의 입장에서 보편적 양심에 비춰 보면, 표절 의혹을 받을 만한 유사성의 문장이 수두룩하다. 조금이라도 소설에 대한 상식이 있는 분들이라면 표절 의혹을 품을 수밖에 없을 것이다.

이 표절 의혹 덕분에 독자의 관심을 더 끌었고 책도 더 많이 팔렸다. 이를 부정할 수도 없는 일이다. 일각에서는 표절 의혹 부풀리기도 마케팅 전략으로 활용하기도 한단다. '노이즈 마케팅'이라는 용어로 설명이 가능하다.

표절 의혹을 받는 권비영을 비롯한 작가와 시인들은 원로 소설가 조정래가 장편소설 『풀꽃도 꽃이다』(2016)의 1, 2권에서 시詩를 비롯한 여러 인용문에 각주를 달아 놓은 이유를 곰곰이 생각해 볼 필요가 있다. 가령 출처를 명확히 밝히기 위해, 원저작자의 창작물을 존중하기 위해, 오해의 소지를 제거하기 위해, 시빗거리를 차단하기 위해, 등등 깊이 생각해 보면 무엇이 문제인지 손에 잡힐 것이다.

부록

허구를 수용하면 수필이 아니다

– 허구성과 현실성을 분별하자

1. 펼치며

오래전부터 수필에 허구를 수용하자는 주장이 있어 왔다. 현재도 진행 중이다. 수필에 허구를 수용해도 문제가 없는 걸까?

생각의 다양성이라는 측면에서는 존중해야 하고 존중받아야 마땅하다. 현재 수필의 정의를 고려해 볼 때 수필에 허구를 수용하는 순간, 수필의 본령과는 거리가 멀다. 만일 수필로 발표하더라도 그건 수필의 탈을 쓴 허구일 뿐이다. 분량을 고려할 때 장편소설掌篇小說 혹은 단편동화 같은 허구에 불과하다.

이 글에서 더는 수필에 허구를 수용해야 한다는 소모적인 논쟁이 없기를 바라는 마음에 허구 '수용론자'와 '부분적 수용론자', '수용 불가론자' 모두에 대한 실명을 밝히지 않는다. 그중 대표적인 주장의 인용문도 구체적인 출처를 밝히지 않고 간략한 출처만 밝히고자 한다.

2. 수필은 현실성(사실성)의 문학

'수필'이란 무엇인가? 국립국어원의 《표준국어대사전》에 "일정한 형식을 따르지 않고 인생이나 자연 또는 일상생활에서의 느낌이나 체험을 생각나는 대로 쓴 산문 형식의 글. 보통 경수필과 중수필로 나뉘는데, 작가의 개성이나 인간성이 두드러지게 나타나며 유머, 위트, 기지가 들어 있다."라고 정의하고 있다.

문학에서 '허구'란 무엇인가? 《표준국어대사전》에 "소설이나 희곡 따위에서, 실제로는 없는 사건을 작가의 상상력으로 재창조해 냄. 또는 그런 이야기."라고 정의하고 있다.

위의 '수필'과 '허구'의 정의만으로 판단해 봐도, 수필에 허구를 수용하자는 주장은 수필의 본질을 소설과 희곡처럼 허구로 바꾸자는 말이다. 즉, "실제로는 없는 사건을 작가의 상상력으로 재창조"하자는 주장이다. 수필 갈래의 개념을 기형화하자는 말과 상통한다. 수필가의 일부이긴 하나 수필의 본질과 동떨어진 허구에 시선을 돌리는 것을 보면, 남의 밥그릇에 관심이 더 많은 듯하다. 허구 작품을 창작하고 싶으면 수필가를 그만두고 허구 문학의 작가로 변신하든지, 그냥 허구 문학 작품을 창작하고 발표하면 될 일이다. 왜 멀쩡한 수필에 허구라는 달갑지 않은 재를 뿌려 대는지 궁금하다.

진정, 허구가 무엇인지 알고 주장하는 걸까? 아니면 수필의 개념을 정확히 알고 주장하는 걸까? 의문이 든다. 모든 수필가가 허구 수용을 동의했다고 가정해 보더라도, 수필에 제대로 허구를 창조해낼 수 있을까? 소설의 껍데기만을 더듬는 것은 아닐까? 콩트인지 수필인지 분간은 할 수 있을까? 한번쯤 깊이 고민해 봐야 할 문제이다.

가. 허구 수용이 불가한 이유

수필에 허구 수용이 불가한 이유를 세 가지로 요약할 수 있다. 첫째, 수필은 문학이면서도 문학의 속성인 허구를 배제한다는 본질이 확고부동하다. 문학 갈래의 용어는 가변성의 개념이 아니다. 불변성의 개념이다. 진리는 변할 수 있지만, 개념어는 변하지 않는 진실처럼 거의 불변성이다. '천동설'과 '지동설'의 충돌 이후 '지동설'이 정설로 굳어졌지만, '천동설'의 개념의 본질은 변함없이 이어져 오고 있다. 어떤 개념어가 진리 측면에서 많은 모순점을 안고 있어 정설과 통설에서 거리가 멀어지더라도 그 개념어의 본질은 변하지 않는다.

플라톤의 철학 용어 '이데아(idea)'를 비롯한 대부분의 개념어가 한 번 정립된 이후 수십 세기가 지나더라도 변함없이 불변성을 유지한다. 시간이 흐르면서 용어의 개념을 보충하는 개념어가 탄생하기도 하고, 용어의 모순을 비판하는 개념어가 탄생하기도 한다. 그렇다고 개념어의 본질이 변하지는 않는다. 한국문학의 갈래 가운데 하나만 예를 들면, '신체시'의 창작 행위가 사라졌다고 해서 그 개념의 본질이 변한 것이 아니다. 개념의 본질만큼은 지금까지 이어지듯, 문학 갈래의 용어는 개념어라서 그 갈래가 사라지더라도 거의 불변성을 유지한다. 물론 후대에서 해석의 차이는 있을 수 있지만, 개념의 본질은 변하지 않는다. 이미 정립된 수필의 정의와 개념이 현재까지 변하지도 않았고, 적어도 향후 몇 세기 동안은 변할 성질의 것이 아니다.

둘째, 의무교육을 이수한 독자라면 대부분 픽션(fiction)과 논픽션(nonfiction)을 구분할 줄 알고, 분별할 줄 안다. 수필을 허구라고 생각하지 않는다. 현실과 사실을 바탕으로 쓴 산문의 글이라 믿으며 읽는다. 독자들은 수필의 사전적 의미를 중학교 과정에서 이미 배웠고, 시험을 친 경험이 있다. 그래서 대부분의 독자가 수필은 허구가 아님을 보편적으로 받아들이고 있다.

셋째, 대부분의 수필가가 수필에 허구를 수용하는 것을 거부한다. 허구를 조금이라도 수용한 수필, 즉 '허구 수필'은 정통적인 수필의 갈래에 속할 수 없다고 인식한다. 이 세 가지만으로도 결론은 명확하다. 수필에 허구 수용은 불가하다.

허구 '수용론자'들은 신변잡기로 전락한 수필의 모순을 타파하고, 문학적 완성도를 이루기 위해 허구 수용을 대안으로 내세운 것이다. 그 시험 정신만은 존중해야 한다. 하지만 허구 수용 그 자체가 문학 갈래의 개념과 본질을 벗어나 내부적 모순을 안고 출발했음을 간과해서는 안 된다. 개혁과 변혁은 제도의 틀을 깨부수는 것이지 문학 갈래에 적용할 문제는 아니다.

허구 '수용론자'들은 오늘날 수필 작품의 질적 저하의 원인을 수필 갈래에서 찾다 보니 얼토당토않게 허구를 내세우는 결과를 초래했다. 함량 미달의 수필 작품이 헤아릴 수 없을 만큼 많은 이유는 함량 미달의 수필가를 그만큼 많이 배출하였다는 말과 상통한다. 그렇다면 함량 미달의 수필가를 양성한 수필단 내부의 제도적 모순에서 찾아야 마땅하다. 파벌주의와 상업주의가 만연한 수필단 내부에 산재한 모순부터 타파하고 개혁해야 할 문제이다. 아무런 죄 없는 수필 갈래에서 모순 아닌 모순을 찾다 보니 스스로 모순에 빠져 버리고 말았다. 간이식 수술이 시급한 응급환자에게 멀쩡한 신장이식 수술을 하려는 행위와 다름없다.

나. 허구 '수용론자'와 '부분적 수용론자'의 공통적 오류

허구 '수용론자'와 '부분적 수용론자'들이 주장한 글을 제법 읽었지만, 전부는 읽지는 못한 듯하다. 지금까지 읽어 본 글만을 분석해 보면, 공통적 오류를 도출해 낼 수 있다. 첫 번째, 문학의 속성이 허구이므로 수필도 문학이라서 허구를 수용해야 한다는 점. 두 번째, '허구'와 '상상'을 동일시하고 있다는 점. 세 번째, 상상력을 세분화하지 않고 통칭의 개념만을 언급하고 있다는 점이다.

첫 번째의 경우, 문학의 속성이 허구성이므로 허구를 수용해야 한다는 주장이다. 그 주장에 충분한 일리가 있다. 그 주장을 수용하려면 현재 수필의 개념과 정의를 바꿔야 한다. 대다수의 수필가와 독자가 '허구 수용 불가론자'임을 고려해 볼 때, 철옹성 같은 벽을 허물기엔 역부족인 것 같다. 이미 보편성의 개념으로 굳어 버렸다. 특히 독자들은 수필을 읽을 때마다 현실과 사실을 바탕으로 쓴 체험의 글이라고 생각한다. 눈곱만큼도 허구라고 생각하지 않는다.

두 번째의 경우, '상상'과 '허구'를 동일한 개념으로 보고 있다는 점이다. 만일 '상상'이라는 용어의 비슷한 말, 혹은 대체어로 '허구'라는 용어를 사용한 것이라면 크나큰 오류이다. '허구'란 '상상력'을 통해서 꾸며진다. 그렇다고 해서 동일시할 용어는 아니다. 엄격하게 분리해서 다루어야 할 용어이다. 수필가는 적확한 어휘를 선택해야 한다. 수필의 '상상력'은 '허구적 상상력'이 아니라 '현실성의 상상력' 혹은 '사실성의 상상력'인 '경험적 상상력'임을 간과해서는 안 된다.

세 번째의 경우, 상상력이란 우주처럼 광대무변한 것이라서 세분화하여 다루어야 한다. 대표적인 예를 들면, 칸트는 '재생적 상상력'과 '창조적(산출적) 상상력'을 구분하였고, 가스통 바슐라르도 상상력[1]을 '재생적(재현적) 상상력'과 '창조적 상상력'으로 구분하였음은 물론, 네 가지(①형태적 상상력, ②물질적 상상력, ③역동적 상상력, ④원형적 상상력)로 구분하였다. 이를 세분화하지 않고 통칭의 개념으로 다루다 보니, '상상력'을 강조한 '수용 불가론자'의 글마저도 용어 사용의 오류로 인해 허구를 수

1) 가스통 바슐라르는 "상상력이란 오히려 지각 작용에 의해 받아들이게 된 이미지들을 변형시키는 능력이며, 무엇보다도 애초의 이미지로부터 우리를 해방시키고, 이미지들을 변화시키는 능력인 것이다. 이미지들의 변화, 곧 이미지들의 예기치 않은 결합이 없다면 상상력은 존재하지 않는 것이며 상상하는 행위 또한 없는 것이다. (……) 상상력이란 무엇보다도 먼저 정신적 가동성의 한 유형, 가장 크고 제일 활발하고 또 가장 생동적인 정신적 가동성의 한 유형이다."며 상상력의 가동성(可動性)을 말했다. (가스통 바슐라르, 『공기와 꿈』, 정영란 옮김, 이학사, 2007, 19~21쪽 참조.)

용하고 있는 경우가 있다. 가령 "수필은 '창조적 상상력'으로 창작해야 한다."와 "'수필적 상상력'은 '창조적 상상력'이어야 한다."며 작가의 의도와는 달리 오히려 허구 수용을 부추기는 오류를 범한 문장도 제법 있다.

'허구적 상상력'이라고 하면, '재생적 상상력'에 머물지 않고, 한 단계 발전해 나간 개념인 '창조적 상상력'을 말한다. 가공의 인물과 가공의 장소와 때를 묘사하고, 가공의 이야기를 창조하는 상상력이다. 이런 '창조적 상상력'을 발휘한 수필이 있다면, 그 작품은 장편소설掌篇小說이지 수필이 아니다. 허구이다.

소설과 시는 소설가나 시인의 상상력이 창조해낸 허구 문학이다. 자유로운 '창조적 상상력'의 소산이다. 현실성과 사실성의 이야기들에 대한 '재생적 상상력'만으로 빚은 소설과 시는 전기적이라서 가치가 훼손될 수 있다. 가치 있는 소설과 시는 '창조적 상상력'이 빚은 허구일 수밖에 없다. '허구의 진실'이 소설[2]과 시[3] 속에도 존재한다. 하지만 소설과 시와는 달리, 수필을 '창조적 상상력'으로 창작한다면 거짓의 글로 전락하고 만다.

독자의 입장에서는 수필 작품 그 자체를 진실이라고 받아들인다. 만일 '허구 수필'을 읽었다 하더라도 진실이라고 받아들인다. 진실과 거짓

---

2) 리처즈는 "『로빈슨 크루소』라는 작품이 진실하다고 하는 것은 거기서 얘기되고 있는 여러 가지 일들을 받아들일 수 있다는 의미이다. 즉 거기서 일어나는 이야기가 그 서사의 효과를 높이고 있다고 인정할 수 있다는 의미"라며 수용자 입장에서 수용 가능해야 진실이라고 보았다. (I. A. 리처즈, 『문학비평의 원리』, 이선주 옮김, 동인, 2007, 328쪽 참조.)

3) 리처즈는 "시 속의 몇 가지 지시를 조사해 보고 그것이 명백히 거짓이라 할 때에도 그 사실이 결코 시의 결함은 아니다. 그 거짓이 너무 두드러져 시에 부적당하거나 시를 망치는 반응을 독자에게 불러일으키지 않는 한은 그러하다. 시 속의 지시가 진실이라 하더라도 마찬가지로 그 진실이 그대로 시의 장점이 되지는 않는다."라며 수용자 입장에서 시적 진실을 말했다. (I. A. 리처즈, 위의 책, 2007, 332~333쪽 참조.)

을 가려낼 수가 없다. 그렇다고 독자를 위해 수필 작품마다 '허구를 수용하지 않은 수필'이나 '허구를 수용한 수필'이라고 꼬리표를 명기할 수도 없는 문제이다.

다. 현실성(사실성)의 문학

앞에서 살펴본 바와 같이 《표준국어대사전》에 수필이란 "일정한 형식을 따르지 않고 인생이나 자연 또는 일상생활에서의 느낌이나 체험을 생각나는 대로 쓴 산문 형식의 글."이라고 정의하고 있다. "느낌이나 체험", 즉 '느낌'과 '체험'이 방점이다.

《표준국어대사전》에 '느낌'이란 "몸의 감각이나 마음으로 깨달아 아는 기운이나 감정"이라고 정의하고 있다. "깨달아 아는" 것이 핵심 방점이다. 또한, '체험'이란 "자기가 몸소 겪음. 또는 그런 경험."이라고 정의(심리학과 철학의 의미는 생략)하고 있다. '몸소 겪음'과 '경험'이 핵심 방점이다.

이를 기초로 수필을 다시 정의해 보면, 수필이란 "일정한 형식을 따르지 않고 인생이나 자연 또는 일상생활에서의 몸의 감각이나 마음으로 깨달아 아는 기운이나 감정을, 자기가 몸소 겪은 경험을, 생각나는 대로 쓴 산문 형식의 글"이다.

먼저, '느낌'이라는 낱말을 중심으로 다시 살펴보면, 수필이란 "몸의 감각이나 마음으로 깨달아 아는 기운이나 감정을 생각나는 대로 쓴 산문의 글"이다. "깨달아 아는 기운이나 감정을 생각나는 대로 쓴" 문장은 현실에 있는 그대로 진술하거나 묘사할 수도 있다. 구체적으로 살펴보면, 논리적이고 합리적일 수도 있고, 추상적이고 개념적일 수도 있다. 다양한 수사법을 동원할 수도 있고, 일상어나 관용구를 동원할 수도 있다. 간접화법의 언어일 수도 있고, 직접화법의 언어일 수도 있다. 표현성이 뛰어날 수도 있고, 밋밋할 수도 있다. 나아가 '현실성의 상상력' 혹은 '사실성의 상상력'인 '경험적 상상력'을 바탕으로 한 '재생적 상상력'의 산물일 수도 있다. 그러나 허구를 창조해내는 '창조적 상상력'의 산물일 수는 없다.

앞에서 언급했듯, 칸트는 '재생적 상상력'보다 더 생산적인 개념으로 '창조적 상상력'을 구분했다. 상상력의 개념이 매우 다양하여 여러 이견이 있을 수 있어 '경험적 상상력'인 '재생적 상상력'과 '생산적 상상력'인 '창조적 상상력'에 한하여 살펴보면, 현실과 사실을 있는 그대로 글로 재생한다는 의미를 '재생적 상상력', 소설과 같은 허구의 글을 창조한다는 의미를 '창조적 상상력'이라고 정의한다고 할 때, 수필은 '재생적 상상력'을 동원하여 표현성을 확장해 나가는 산문의 글이다.

칸트처럼 가스통 바슐라르도 '재생적 상상력'보다 더 발전적인 개념으로 '창조적 상상력'을 구분했다. '재생적 상상력'이 '창조적 상상력'의 촉발을 방해한다고 보았다. '재생적 상상력'은 지각'[4]과 '기억'[5]에만 의존하는 상상력이라고 했다. 이것은 수필의 사전적 의미와 일치한다. 지각은 '깨달아 아는 것'이고, 기억은 '몸소 겪음과 경험의 재생'이다.

'일차적 상상력'과 '이차적 상상력'으로 구분한 '코울리지의 상상력'[6]

---

4) 리처즈는 "우리는 가장 일상적이고 낯익은 사물까지도 그대로는 지각하지 않고 오히려 자신에게 유쾌한 지각의 방식으로 그것들을 지각한다. 이 착각에 의해 직접적으로 우리의 이득을 잃게 되지는 않는 한 늘 우리는 그러한 지각의 방식을 취한다."며 지각을 매우 주관적이라고 보았다. (I. A. 리처즈, 위의 책, 2007, 321~322쪽 참조.)

5) 리처즈는 "기억은 지금의 경험을 풍부하고도 복잡하게 하는 과거의 경험의 재생이라고" 했다. (I. A. 리처즈, 위의 책, 2007, 128쪽 참조.)

6) 코울리지는 상상력을 "사람이 사물을 지각하는 것부터가 상상이 하는 일이다. 사람의 인식작용은 수동적으로 받아들이는 일이 아니라 능동적으로 보는 행위이다. 상상력은 주체가 그 보는 능력으로 객체를 만들어 내는 활동이다. 주체는 자기가 보는 것을 창조한다. 이러한 '일차적 상상력'의 테두리 안에서 '이차적 상상력'은 예술적 창조를 이루어 낼 때의 상상을 말한다. 이는 감각적 지각의 여러 생경한 자료들을 자아의 정신 속에

도 비슷하다. '일차적 상상력'은 작가가 '보는 것을 창조'한다는 의미이므로 '재생적 상상력'과 비슷하고, '이차적 상상력'은 '예술적 창조'라는 의미이므로 '창조적 상상력'과 비슷하다.

그렇다면 수필이란 현실과 사실 그대로를 글로 재생한다는 의미인 '재생적 상상력'을 수렴한 산문의 글이다. '재생적 상상력'의 한계가 어디까지일까? 적어도 '허구'는 아니다. 수필에서의 '재생적 상상력'이란 "현실과 사실의 체험을 바탕으로 이상화理想化하여 진술하거나 묘사하는 표현의 활동"이라고 정의해 볼 수 있다.

수필에서 '이상화'와 함께 '형상화形象化'와 '이념화理念化'는 매우 중요하다. '이상화'는 상상력의 산물이다. '형상화'와 '이념화'는 상상력의 산물이 아니라 이성적 사유의 산물이다. '형상화'는 형상적 사유의 산물, 즉 직관적 사유의 산물이다. '이념화'는 순수 이성적 사유의 산물이다. '형상화'와 '이념화'를 상상력의 산물로 여기는 수필가들이 의외로 많다. 이론으로 무장한 수필가가 그리 많지 않다는 말이다. 사전적 의미로 '형상화'란 "형체로는 분명히 나타나 있지 않은 것을 어떤 방법이나 매체를 통하여 구체적이고 명확한 형상으로 나타냄."이다. 주된 형상화의 도구는 은유이다. 현상학 사전적 의미로 '이념화'란 "미리 주어져 있는 사실적 인간성과 인간적 환경으로부터 그 소재를 취하고 그에 의해 '이념적 대상성'을 창출하는 '순수한 사유'의 활동"이다. 사전적 의미로 '이상화'란 "현실을 그대로 보지 않고 이상에 비추어서 보고 생각하는 일."이다. 셋의 공통점은 현실과 사실의 소재를 대상화하여 새로움을 창출한다는 것이다. 수필에서 형상적 사유의 산물인 '형상화'와 순수 이성적 사유의 산물인 '이념화'는 상상력의 산물인 '이상화'와 연결시킬 수밖에 없는 개

서 분해 확산 분산하여 새로운 통일체를 재창조하는 것이다."고 했다. (I. A. 리처즈, 위의 책, 2007, 295쪽 참조.)

념이다. 분명한 것은 셋 다 허구가 아니다. 수필은 '허구적 상상력'으로 쓴 산문의 글이 아니다.

두 번째, '느낌'에 이어 '체험'이라는 낱말을 다시 살펴보면, 수필이란 "인생이나 자연 또는 일상생활에서의 몸소 겪은 경험을 생각나는 대로 쓴 산문의 글"이다. 즉, '체험'한 현실과 사실을 바탕으로 "생각나는 대로 쓴 산문의 글"이다.

종합하여 다시 살펴보면, 소설과 시를 "'창조적 상상력'과 독창성을 품은 글의 예술"이라고 정의할 수 있다면, 수필은 "현실성과 사실성을 바탕으로 한 '재생적 상상력'과 독창성을 품은 글의 예술"이라고 정의할 수 있다.

3. 허구성과 현실성을 분별하자

현재까지 수필의 정의는 명확하다. 허구를 수용하면 수필이 아니다. 허구 '수용론'이라는 논의는 문학 관련 학회나 연구 단체에서 충분히 다룰 수 있는 문제이다. 현재 '수필 문학'이 당면한 문제와 함께 미래 '수필 문학'의 발전적 모습을 논의할 수 있다. 그러나 수필단 내에서 허구 수용을 계속 주장하는 분이 있다면, 가칭 '허구 수필'이라는 새로운 장르를 만들어 독립하면 될 일이지 정통적인 수필단 내에서 주장할 일은 아니다.

수필의 정의와 개념을 바꾸지 않는 이상 논의할 가치도 없고 이유도 없다. 자칫 발전적인 논박이 아닌 소모적인 논박으로 전락할 수도 있어 논할 필요도 없다. 왜 더는 논할 필요가 없는지 수필의 정의와 개념을 바탕으로 하여 수필의 본령이 확고부동함을 살펴보고자 한다.

가. 고백의 진실성, 진실의 고백성

수필가는 일인칭 화자로서 진실을 고백한다. 수필의 일인칭 '나는' 수필가의 자연관, 종교관, 인생관, 사생관 등 진실성을 담아야 한다. 독자는 한 편의 수필에서 수필가의 자연관, 종교관, 인생관 등 모든 것을 읽어 낼 수 있다. 수필은 자신만의 개성이 녹아든 현실성과 사실성의 문장이어야 한다. 자신의 말은 내뱉지 못하고 남의 말만을 따라하는 에코[7] 여서는 안 된다. 자아도취에 빠져 목숨을 잃은 나르시스 같은 문체여서도 안 된다. 수필은 고백의 문학, 진실의 문학이다. 수필은 고백의 진실성, 진실의 고백성, 이 진실의 농도가 문학성을 좌우한다. 수필은 수필가의 서정적 고백이며, 미학적 고백이면서 진실의 독백이다. 수필가는 '고백하는 자아'를 통해 '자신의 본성'을 깨닫고, '논리의 당위성'을 설명하고, '진실의 자아'를 문장으로 형상화한다. 독자는 이를 읽고 깊은 사색에서 진실의 자아를 깨달을 수 있다.[8]

또한, 독자는 진실의 농도가 짙은 독창성의 수필 작품을 접할 때 비로소 수필의 사전적 의미대로 "작가의 개성이나 인간성이 두드러지게 나타나며 유머, 위트, 기지가 들어 있다."고 평가하는 경향이 있다. 문학의 모든 갈래에서 '개성', 즉 '독창성'은 중요한 문제이다. 특히 수필가가 작품에 자신의 희로애락을 형상화, 이념화, 이상화 등으로 표현할 때 독창성이 두드러지게 나타난다.

수필을 형식에 따라 '소설적 수필', '시적 수필', '극적 수필', '비평적

---

7) 제우스가 요정(妖精)들과 바람을 피우고 있는 동안, 에코가 헤라에게 계속 말을 걸어 눈치채지 못하도록 하였으나, 마침내 이를 알아채고 화가 난 헤라는 에코가 다른 사람의 말만을 반복하고 그 밖에 아무 말도 못하게 만들었다.
8) 신기용, 『응축의 시학과 비평』, 정인, 2011, 283쪽 참조.

수필' 등으로 분류한다. 소설과 시는 허구 문학이다. 그렇다면 '소설적 수필'과 '시적 수필'도 허구를 수용한 수필일까? 아니다.

'소설적 수필'은 인물과 사건이 기본 요소이다. 서사가 중심이지만 지나치게 치밀한 묘사에 머물지도 않고 장황한 서사에 의존하지도 않는다. 구성면에서도 뚜렷한, 발단-전개-절정-결말과 같은 구조를 엄격히 지키지 않아도 된다. 쉽게 말해서 이야기가 있는 수필이다. 중심인물은 작가 자신일 수도 있고, 작가가 관찰한 인물일 수도 있고, 제3자를 통해 들은 인물일 수도 있다. 자전 수필, 서사 수필이 여기에 속한다. '시적 수필'은 운율 문장과 선명한 심상에 중점을 둔다. 묘사와 비유가 동원되고, 시어에 가까운 언어가 중심이 된다. 구상 수필과 서정적 수필이 여기에 해당한다.[9]

'소설적 수필'이든 '시적 수필'이든 허구를 수용하지 않는다. 수필은 허구 문학이 아니다.

나. 허구성과 현실성의 분별

먼저 허구의 발생과 그 능력을 살펴보면, 지금까지 우리가 아는 한, 현생 인류인 인간(사피엔스)만이 직접 보거나 만지거나 냄새를 맡지 못한 것에 대해 마음껏 이야기할 수 있는 존재이다. 전설, 신화, 신, 종교는 인지혁명과 함께 처음 등장했다. 인지혁명 덕분에 "사자는 우리 종족의 수호령이다."라고 말할 수 있게 되었다. 허구를 말할 수 있는 능력이야말로 인간이 사용하는 언어의 가장 독특한 측면이다. 인간이 허구 덕분에 단순한 상상을 넘어서 집단적으로 상상할 수 있게 되었다. 성경의 창세기, 호주 원주민의 드림타임 신화, 현대 국가의 민족주의 신화와 같은 공통의 신화들을 짜낼 수도 있다. 그런 신화들 덕분에 많은 사람이

9) 손광성, 『손광성의 수필쓰기』, 을유문화사, 2008, 62~63쪽 참조.

모여 유연하게 협력하는 유례없는 능력을 가질 수 있었다.[10)]

흔히 "신화는 역사다."라고 말한다. 신화 속에 역사가 흐르고 있다는 의미이다. 신화는 사실만의 역사가 아니다. 허구를 수용한 역사이다. 신화는 팩션(faction)과도 같다.

팩션(faction)이라는 신조어를 이해할 필요가 있다. 팩트(fact, 사실)와 픽션(fiction, 허구)을 합한 말이다. 최근에는 역사소설뿐만 아니라, 드라마, 영화, 연극 등에서 무한한 상상력을 촉발시키는 원동력을 제공하는 용어이기도 하다. 2016년 개봉한 허진호 감독의 영화 <덕혜옹주>가 팩션물이다. 원작인 권비영의 소설 『덕혜옹주』(2009)도 마찬가지이다. 이 영화는 원작을 토대로 하여 더 상상력을 가미했다. 실존 인물인 덕혜옹주의 일대기에 영화적 상상력을 덧붙여 새로운 이야기로 탄생시킨 영화라는 말이다. 대동여지도를 완성한 김정호의 일대기에 상상력을 덧붙인 박범신 소설 『고산자』(2009)나 강우석 감독의 영화 <고산자, 대동여지도>(2016)도 팩션물이다.[11)]

수필에 허구를 수용하면 팩션이다. 그 순간, 수필의 본질에서 벗어난다. 개인의 체험적 진실을 바탕으로 한 '재생적 상상력'을 수렴한 산문의 글인 수필에 허구를 수용하여 팩션화하였다면 그건 전기적 장편소설掌篇小說이다. 수필의 본령은 팩션을 받아들일 수도 없는 장르이다. 수필은 오롯이 진실의 문학이고, 일기와 같이 체험을 바탕으로 진실을 고백하는 글이다.

수필은 체험적 진실의 문학이다. 허구 문학이 아니다. 일부 수필가가 허구를 수용한 문학이라고 주장하면서 수필가를 배출한 관계로 허구를 수용한 수필이 수많이 발표되었다. 즉, 장편소설掌篇小說도 아니고 수필

---

10) 유발 하라리, 『사피엔스』, 조현욱 옮김, 김영사, 2016, 48~49쪽 참조.
11) 신기용, 『위로와 치유의 상상력』, 세종출판사, 2017, 12~13쪽.

도 아닌 기형적 글을 생산한 결과를 초래했다. 독자는 이런 허구의 장치를 알지도 못하고 진실로만 받아들인다. 『수필학』(제16집, 한국수필학회, 2008)에서 허구를 부분적으로 수용해야 한다는 주장을 아래와 같이 읽어 본다.

> 재주를 부리면 안 된다는 말과 관련하여 수필 창작에서 생각해 볼 수 있는 것이 '허구'의 수용 문제다. 어떤 이는 **수필에 허구가 절대로 끼어들어서는 안 된다고 주장한다. 만일 수필에 허구가 끼어들면 그건 소설이지 수필이 아니라고까지 한다.** 얼핏 들으면 그럴듯하게 들리는 말이다. 그러나 다시 생각해 보면, 그 말이 지나친 억지라는 걸 알 수 있다. **수필가는 소설가가 즐겨 쓰는 그런 허구를 차용하지 않는다는 점을 놓쳐서는 안 된다. 그리고 처음부터 소설가처럼 그렇게 허구를 끌어들이지도 않는다.** 수필에는 허구가 절대로 끼어들어서는 안 된다고 주장하는 측에서는, **만일 수필에 허구가 끼어들면 그것은 거짓이지 진실이 아니라고 주장한다.** 수필가가 거짓말을 쓸 수도 없고 또 써서도 안 된다는 것이다. 이 말도 얼핏 들으면 일리 있는 말로 들릴 수 있다. 그런데 **허구는 거짓인가 하는 문제는 문제가 있는 말이다. 'fact'와 'reality'는 엄연히 그 성격이 다르다. 허구가 사실은 아니기는 해도 진실이 아니라고 하는 주장에는 문제가 있다.**

인용문의 주장은 허구를 부분적으로 수용하자는 글이다. 요지는 허구 '수용 불가론자'의 주장을 두 가지로 요약했다. "만일 수필에 허구가 끼어들면 그건 소설이지 수필이 아니라고까지 한다."와 "만일 수필에 허구가 끼어들면 그것은 거짓이지 진실이 아니라고 주장한다."라는 '수용 불가론자', 즉 수필의 정통성을 훼손하지 말자는 측의 주장을 언급한 것이다.

이에 대해 "수필가는 소설가가 즐겨 쓰는 그런 허구를 차용하지 않는다는 점을 놓쳐서는 안 된다. 그리고 처음부터 소설가처럼 그렇게 허구를 끌어들이지도 않는다."와 "'fact'와 'reality'는 엄연히 그 성격이 다르다. 허구가 사실은 아니기는 해도 진실이 아니라고 하는 주장에는 문제가 있다."라고 반박하고 있다.

반박의 글이 합리적이고 논리적인가. 모순은 없는가. 살펴볼 필요가 있다. 결론부터 말하면 합리적이지도 않고, 논리적이지도 않다. 모순적인 오류의 주장이다.

첫 번째 오류는 수필의 정의와 개념을 비롯해 본령 자체가 허구를 수용할 수 없다는 장르의 특징이 보편성임을 전제하지 않고 주장을 펼치는 일반화의 오류를 범했다. 수필의 사전적 의미는 제도권 학제에서 이미 오래전 보편화한 개념이고, 학생들은 그렇게 배우고 시험을 칠 때 사전적 의미에 맞게 정답을 고른다. 이처럼 대부분의 독자와 수필가는 수필에 허구를 수용하면 안 된다는 것을 보편적으로 받아들이고 있음에도 마치 그 보편성이 잘못된 것처럼 주장했다.

두 번째 오류는 "수필가는 소설가가 즐겨 쓰는 그런 허구를 차용하지 않는다는 점"을 주장하면서 수필만의 허구가 마치 존재하는 것처럼 주장을 펼치는 개념적 오류를 범했다. 소설의 허구와 수필의 허구가 다르다는 말인가? 만일 다르다면, 어떤 면이 다른지 구체적인 언급이 없어 논리적 한계가 있다. 허구는 말 그대로 허구이다. 허구라는 것이 소설에 따로 있고, 영화나 드라마, 연극에 따로 존재하는 성질의 것이 아니다. 앞에서 허구 '수용론자'와 '부분적 수용론자'의 공통적인 오류에 대해 언급했듯, '허구'와 '상상력'을 동일시한 표현일 수도 있다. 만일 그렇다면 소설과 같은 '허구적 상상력'인 '창조적 상상력'을 주장하는 것은 아닌 듯하고, 아마도 '경험적 상상력'인 '재생적 상상력'을 주장하려는 듯하다. 그렇다 하더라도 '재생적 상상력'은 허구와는 거리가 멀다. '재생적 상상력'은 '지각'과 '기억', 즉 '느낌과 체험을 통한 깨달음'과 '기억의 재생'에 의존하는 상상력이다. 체험적 현실과 사실을 바탕으로 한 현실성과 사실성에 가장 가까운 상상력이다. 허구와 상상력은 명확히 구분하고 분별해야 한다.

세 번째 오류는 'fact'와 'reality'에 대한 개념적 오류이다. "'fact'와 'reality'는 엄연히 그 성격이 다르다"는 주장은 맞다. 'fact'라는 '사실'과 'reality'라는 '사실(현실)'은 다르다. 또한, 그 뒤의 "허구가 사실은 아니기는 해도 진실이 아니라고 하는 주장에는 문제가 있다."만을 분리해서 읽어 보면 맞는 말이다. 그러나 앞의 문장과 연결해서 읽어 보면 심각한 오류가 있다. '문학의 진실성'을 주장하고자 하는 것으로 읽힌다. 또한, 'reality'를 '진실'이라는 용어로 대입한 것 자체가 모순이다. 문학에서의 'reality'의 주된 의미는 '현실성'과 '사실성'이다. 그런데 문학의 '진실성'에만 초점을 맞춰 주장을 펼치는 개념적 오류를 범했다.

'reality'란 "실제로 있는 모습 그대로인 것"을 말한다. 비슷한 말로 '사실(fact)'과 '진실(truth)'이 있다. 또한, 'reality'는 '사실(fact)'과 '진실(truth)'의 의미를 포괄하고 있다. '사실(fact)'은 "현실로 있는 일", 혹은 "실제로 존재하는 일"이라고 사전은 정의하고 있다. 사물의 존재나 내력이 시간적으로 공간적으로 확실하다는 뜻으로 쓴다. '진실(truth)'은 "거짓이 없이 바르고 참됨"이라고 사전은 정의하고 있다. 따라서 '사실(fact)'은 그런 일이 존재했느냐 아니 했느냐에 초점이 맞추어져 있다면, '진실(truth)'은 그 일이 옳으냐 그르냐에 초점이 맞추어져 있다.[12)]

결국, 'reality'란 인용문에서 주장한 '수필의 진실성'과는 거리가 멀다. 때로는 문학에서 'reality'를 '진실'이라고 번역하기도 한다. 'truth'와는 명확히 다르다. 허구 문학에서의 진실은 'truth'가 아니라 'reality'가 맞다. 그러나 수필에서의 진실은 'reality'와 'truth'가 모두 해당한다. '느

12) 김상태, 『수필의 문학성』, 『수필학』, 제16집, 한국수필학회, 2008, 25쪽 참조.

낌'의 진실성은 'reality'이고, '체험'의 진실성은 'truth'이다. 달리 말하면, 수필은 현실성(reality)의 진실(truth)을 추구한다. '재생적 상상력'을 동원한 '느낌'을 표현한 문장의 진실은 'reality', 개인의 시공간적인 '체험'을 표현한 문장의 진실과 '체험'한 이야기의 진실은 'truth'이다.

과거 우리나라에서 리얼리즘(realism)을 '사실주의'라고 했다. 번역의 오류에서 발생한 문제임을 이제는 학문적으로 아는 시대이다. '현실주의'라는 번역이 합당하다. 그래서 '현실'과 '사실'을 병행 사용하기도 한다.

『수필학』(제16집, 한국수필학회, 2008)에서 허구를 수용하지 말자는 측의 주장을 아래와 같이 읽어 본다.

> '사실만 쓴다.' 허구와 가상, 환상을 배제한 진실만을 쓴다. 오로지 본 대로 느낀 대로. 수필의 길을 열어 수필가를 잉태하고 성장시킨 이 한마디 말이 걸림돌이 되어 가로 막을 줄이야.
>
> 꽤 오래전부터 수필에는 허구를 수용할 것인가 말 것인가 의견이 분분했던 모양이다. (……) **『수필가여 다시는 허구를 논하지 말라』는 장편의 논문을 읽은 적이 있다.** 그는 수필쓰기에서 '이야기'와 '담론'으로 나눈다고 한다. 이야기는 작중인물, 사건, 장소, 때가 될 것이고 담론은 작가가 이야기를 끌고 가는 방법이라고 했다. 수필의 이야기(story)에서 허구를 말한다는 것은 있을 수 없고, 담론(이야기를 하는 방법)에서의 상상에 의한 글쓰기가 허구냐 아니냐 라는 논박에 불과하다는 말씀이다. 따라서 **수필에서 허구를 논할 것이 못된다. 남은 것은 상상의 글쓰기다. 상상의 글쓰기.** 누군가 단수가 아닌 복수의 수필가들이 다양성을 시험해야 할 때가 되었다.

인용문의 주장은 '수용 불가론자'의 주장을 옹호한다. "수필에서 허구를 논할 것이 못된다."라고 하면서 "남은 것은 상상의 글쓰기다"며 상상력에 의한 글쓰기의 시도를 권유하고 있다. 인용문은 '수용 불가론'임에도 앞에서 언급한 것처럼 '상상력'을 세분화하여 다루지 않고, 애매모호하게 다루고 있다. 그냥 '상상의 글쓰기'라고 하면, 주장한 분의 의도와는 달리 자칫 허구를 떠올리는 경우가 허다하다. '재생적 상상력'에 국한한 '상상의 글쓰기'라는 의미로 받아들이고 싶다.

수필은 본질 그대로 개인의 체험적 진실을 바탕으로 이상화한 '재생적 상상력'을 수렴하여 표현성을 확장해 나가야 한다. 소설보다 더한 과장법을 동원한 표현성으로 감동을 안겨 주는 수필도 있다. 과장법을 허구라고 말하지 않는다. 시보다 더 미려한 표현성으로 감동을 안겨 주는 수필도 있다. 기교의 문장을 허구라고 말하지 않는다. 허구가 아닌 표현성의 문제이다. 산문 정신으로 창작한 진실이 꿈틀거리는 산문의 글인 수필은 수필일 뿐, 소설이나 시처럼 허구 문학일 수는 없다. 소설과 시와는 달리, 수필을 허구성과 현실성(사실성)의 경계조차 제대로 이해하지 못한 상태에서 창작한다면 문제는 심각할 수밖에 없다.

수필은 현실과 사실의 체험을 바탕으로 이상화하여 쓰기 때문에 '재생적 상상력'을 발휘하더라도 '창조적 상상력'까지 발휘하면 곤란하다. 창조적인 문학예술이 아니다. 일기가 자신의 일과를 진솔하게 기록하고 반성하는 글이지 상상력을 수용하여 허구성을 장치하는 글이 아니듯, 수필도 허구성을 장치하는 그 순간, 수필이 아니다. '단 한 줄의 허구가 무엇이 잘못이냐?'라는 식으로 합리화시킬 수도 있다. 언제나 단 한 줄이 문제다. 수필은 허구 문학이 아니라 현실성의 진실한 문학이다.

허구를 수용하지 않더라도 다양한 수사법을 동원하여 표현성의 확장의 효과를 극대화할 수 있는 것이 수필의 특성이다. 『隨筆論散考』(문학수첩, 1994 2판)에서 인용한 글을 아래와 같이 읽어 본다.

문장의 흐름이 시적이어야 하면 감미롭게 낱말들이 이어져 그것들의 소리가 가락을 타게 한다. 빨라야 하면 빠르게, 느려야 하면 느리게 소리를 살릴 수 있는 낱말을 수필가는 찾는 일을 한다. 극적이면 희곡의 수법을 빌려서 에세이의 분위기를 코믹하게 만들어 내고 비장하게도 만들어 낸다. 또한 소설적이어야 하면 인물의 성격을 만들기도 한다. 에세이에는 어떠한 인물이라도 등장하여 새로운 연기를 한다. 그러나 인간들의 사건을 꾸며 내지는 않는다. **에세이에 등장하는 사건들은 허구의 산물이 아니라 실제로 일어나거나 일어나고 있는 인간의 사건들로 분위기를 만들어 낸다.** 여기서 소설 속의 인간의 사건과 에세이 속의 사건은 다르다. (……) **소설의 사건들이 진실한 허구라면 에세이의 사건들은 진실한 현실인 셈이다.** 그러나 에세이는 진실한 현실을 떠나서 이상향을 만들어 낼 수 있다. 이처럼 **에세이는 현실을 근거로 현실을 상상하여 이상화시킬 수 있는 일이다.** 그러므로 에세이는 산문이면서 소설보다 표현성을 강조하게 된다.

인용문을 꼼꼼히 읽어 보면, 수필에서는 "인간들의 사건을 꾸며 내지는 않는다."는 것이 핵심이다. 수필에 "등장하는 사건들은 허구의 산물이 아니라 실제로 일어나거나 일어나고 있는 인간의 사건들로 분위기를 만들어 낸다."는 것이고, "소설 속의 인간의 사건과 에세이 속의 사건은 다르다."는 것이다. "소설의 사건들이 진실한 허구라면 에세이의 사건들은 진실한 현실"이라고 기술하고 있다. 이것은 진실(truth)의 현실성(reality), 현실성(reality)의 진실(truth)을 추구한다는 의미이다.

인용문에서 분명한 것은 수필의 인물이나 사건은 허구가 아니라는 것이다. "현실을 근거로 현실을 상상하여 이상화시킬 수 있는 일이다."라고 기술했다. "현실을 상상하여 이상화"하는 것은 당연한 이치이다. 여기서 "현실을 상상하여"라는 의미 자체가 '재생적 상상력'이다. 수필의 상상력은 '창조적 상상력'이 아니라 현실과 사실의 체험을 바탕으로 이상화한 표현성의 확장을 통해 재생하는 '재생적 상상력'이다.

4. 닫으며

종합적으로 상상력 측면에서 다시 살펴보면, 수필은 '현실성의 상상력'과 '사실성의 상상력'인 '경험적 상상력'을 바탕으로 한 '재생적 상상력'으로 쓴 산문의 글이다. '허구적 상상력'인 '창조적 상상력'과는 거리가 멀다.

수필가여, 체험을 바탕으로 한 전기적 현실성과 사실성의 이야기들이 수필의 본령이다. 허구성의 진실과 현실성(사실성)의 진실에 대한 경계쯤은 분별하면 좋겠다.

또한, 허구에 관심을 가질 정도로 한가하더라도, 제발 한눈팔지 말고 적확한 어휘력과 문장력 연마에 열중하면 좋겠다. 수필에 적확하지 못한 어휘 선택은 문장 전체에 영향을 미친다. 수필을 쓸 때 낱말의 뜻을 적확하게 파악하여 써야 하고, 한글 어문 규정에 맞게 써야 한다. 한글로 쓰는 수필은 철저하게 우리 어문 규정에 맞는 구조와 문법을 갖추어야 한다. 영어 번역체 문장처럼 국적 불명의 수필 문장을 접할 때면 마음이 무겁다.

이 글을 읽은 후에도 수필에 허구를 수용하고자 하는 분이 있다면, 가칭 '허구 수필' 혹은 '퓨전 수필' 동인이나 단체를 만들어 독립하기를 권유한다. 독립하여 시험 정신을 마음껏 펼쳐 문학 갈래로 인정받으면 될 일이다. 그 시험 정신만은 백번이고 존중해야 할 문제이다. 미리 그들에게 찬사를 보낸다.

싸락눈 향기 날 때 새봄이 온다

- 신기용 산문집

정가 13,000 원

지은이　신기용
펴낸이　조준형
편　집　조민경
표지디자인 김다은(쓰담)

2018년 2월 10일 초판 1쇄 발행

펴낸곳 도서출판 **스토리팜** storyfarm book
주소 부산광역시 중구 구덕로 38. 2층(남포동 4가 2-4)
전화　051) 253-0001　팩스 051) 245-1187
등록 제 2011-000004호　www.storyfarmbook.com

도서출판 **스토리팜**에서는 여러분의 소중한 원고와 함께 할 기회를 기다리고 있습니다. 책으로 엮을 원고나 아이디어가 있으신 분들은 이메일 mwdangbook@hanmail.net로 책에 대한 간단한 개요와 원고 전체 또는 일부를 연락처와 함께 보내주십시오.

이 도서의 국립중앙도서관 출판예정도서목록(CIP)은 서지정보유통지원시스템 홈페이지(http://seoji.nl.go.kr)와 국가자료공동목록시스템(http://www.nl.go.kr/kolisnet)에서 이용하실 수 있습니다. (CIP제어번호: CIP2018003960)